W0279186

Les Fromages de Suisse

Une épopée gourmande

Ce livre a été réalisé en partenariat
avec Switzerland Cheese Marketing France.

Les Fromages de Suisse
www.fromagesdesuisse.fr

Conception graphique : Isabelle Chemin

Coordination et suivi éditorial : Pierre-Yves Chupin
avec l'aimable soutien de l'agence Albine & Co

Prépresse : Glénat Production

© 2025 Éditions Glénat

Couvent Sainte-Cécile
37, rue Servan 38000 Grenoble
www.glenat.com
contact@glenat.com

Tous droits réservés pour tous pays
Dépôt légal : octobre 2025
ISBN : 978-2-344-06976-9

Stéphane Méjanès

Les Fromages de Suisse

Une épopée gourmande

Glénat

Un périple au cœur d'une tradition vivante, portée par l'exigence, la passion et l'amour du goût

Il y a, dans chaque fromage de Suisse, bien plus qu'un simple produit : il y a une histoire, un terroir, un savoir-faire transmis avec respect et passion. À travers les âges, le fromage est depuis toujours une part essentielle de notre culture et de notre identité.

La Suisse est une terre de fromages. Non pas d'une production massive et impersonnelle, mais d'une multitude de petites structures souvent familiales, où l'attention portée à chaque détail est la clef de l'excellence. Nos fromagers respectent des cahiers des charges stricts, bien plus exigeants que les normes internationales. Le lait utilisé pour nos fromages ne parcourt que de courtes distances avant d'être transformé, préservant ainsi sa fraîcheur, sa typicité et son authenticité.

La durabilité et le respect du bien-être animal ne sont pas de simples concepts pour nous : ils font partie intégrante de notre quotidien. Avec l'initiative de Swissmilk green, la très grande majorité de nos vaches bénéficient d'un accès au pâturage et sont élevées selon des normes parmi les plus rigoureuses au monde. Ce lien fort à la terre et aux animaux garantit une qualité de lait exceptionnelle – base de fromages authentiques et savoureux.

Ce respect de la nature s'étend bien au-delà de l'animal : il embrasse toute la biodiversité qui fait la richesse de notre environnement. Les herbes aromatiques, les fleurs sauvages et la diversité végétale que l'on trouve dans nos pâturages suisses ne sont pas seulement un décor : elles influencent directement la qualité du lait et la subtilité des arômes que l'on retrouve dans nos fromages.

← Des vaches qui montent à l'alpage sur fond de barrière rocheuse, pas une carte postale, une image vraie de la Suisse des fromages.

Cet engagement envers l'authenticité se reflète également dans une démarche unique : l'adoption volontaire d'un code de déontologie par l'ensemble de la filière. Depuis de très nombreuses années, producteurs et fromagers suisses renoncent à l'utilisation d'additifs controversés lors de la fabrication, de l'affinage et du préemballage de leurs fromages. Ce choix volontaire, renouvelé régulièrement, distingue clairement nos fromages des productions industrielles et renforce leur crédibilité, tant en Suisse qu'à l'étranger.

Parmi les joyaux de notre patrimoine fromager, certains noms résonnent bien au-delà de nos frontières : l'Emmentaler AOP, le Gruyère AOP suisse, l'Appenzeller® et la Tête de Moine AOP. Tous trouvent leur origine en Suisse, où ils sont encore aujourd'hui élaborés selon des méthodes traditionnelles. L'Emmentaler AOP, reconnaissable à ses grandes ouvertures caractéristiques, est né dans la vallée de la rivière nommée « Emme ». Le Gruyère AOP, issu de la région de Gruyères, séduit par son goût raffiné et unique. L'Appenzeller®, produit depuis plus de 700 ans dans la région de l'Appenzell, est affiné avec une saumure d'herbes aromatiques secrète qui lui confère un caractère incomparable. Quant à la Tête de Moine AOP, créée il y a plus de huit siècles à l'abbaye de Bellelay, elle se déguste traditionnellement en fines rosettes, révélant ainsi toute sa finesse aromatique. À côté de ces ambassadeurs mondialement connus, la Suisse compte plus de 700 spécialités fromagères différentes, reflet d'une diversité exceptionnelle.

Mais l'originalité de nos fromages tient aussi à des trésors invisibles : nos cultures fromagères, cultivées avec soin en Suisse et protégées par nos chercheurs à Liebefeld-Posieux. Ces ferments naturels, uniques au monde, façonnent les arômes subtils et la personnalité de chaque fromage. Ils sont la signature discrète de notre héritage vivant.

Cette capacité à conjuguer tradition et modernité est l'une des grandes forces de notre filière. Nos maîtres fromagers savent préserver des gestes ancestraux tout en intégrant des savoirs techniques actuels qui garantissent sécurité et qualité. C'est ce subtil équilibre entre respect du passé et ouverture au futur qui permet au fromage suisse de rester vivant, contemporain, et profondément authentique.
Chacun de nos fromages est donc le fruit d'un terroir, d'un climat, d'une flore, mais surtout de la main de l'homme et de son respect pour la nature. C'est cette alchimie qui fait la force du fromage suisse : un produit naturel, vivant, qui raconte une histoire à chaque bouchée.

À travers ce livre, nous vous emmenons à la découverte des principales sortes de fromages suisses, en explorant leur terroir, leur méthode de fabrication et l'art de leur dégustation. Ce voyage se poursuit jusque dans votre assiette avec des recettes créatives de grands chefs de Belgique, de France et de Suisse, qui subliment nos fromages et révèlent toute leur richesse gustative.

Que vous soyez amateur éclairé ou simple curieux, je vous invite à parcourir ces pages comme un voyage de découvertes : un périple au cœur d'une tradition vivante, portée par l'exigence, la passion et l'amour du goût.
Merci de partager avec nous cet enthousiasme pour des fromages authentiques. Bonne lecture et belle découverte !

David Escher
Directeur général de Switzerland Cheese Marketing

➔ Une boille à lait en aluminium peint à la main, une pratique ancienne qui inspire de nombreux artistes helvètes, manière de rendre uniques des objets ordinaires.

➔➔ Après avoir été retournées jusqu'à sept fois et frottées avec soin durant les premiers jours, les meules de L'Étivaz AOP vont maturer jusqu'à deux ans dans des caves sèches.

Des alpages à la table

Treize chefs ont accepté de se prêter au jeu : imaginer et concocter des recettes à base de Fromages de Suisse. Ces cuisiniers venus de Belgique, de France mais aussi de Suisse étaient invités à faire leur marché parmi dix des appellations ou spécialités les plus réputées de la confédération. Il était entendu que les recettes devaient rester accessibles, adaptées aux saisons qui marquent également la production fromagère et reproduisibles dans un environnement familial ou amical.
Une véritable gageure lorsqu'on découvre les profils des restaurants impliqués dans cet exercice de haute volée : la plupart font partie de l'élite gastronomique ou se singularisent par un engagement fort dans la création ou le respect des normes environnementales.
Une fois les créations validées et mises au point, au photographe de mettre en scène le travail réalisé en cuisine. Et, surtout, de l'inscrire à jamais dans un moment de dégustation et de partage auquel invite cet ouvrage rassemblant tant de chefs pour la première fois réunis, de compétences et de savoir-faire. Qu'ils en soient sincèrement remerciés.

Christophe Carlier

pour Christian Têtedoie

Christian Têtedoie reste un illustre ambassadeur de la gastronomie lyonnaise, puisant dans son passage chez Paul Bocuse ou Georges Blanc un savoir-faire unique et une facétie bien réelle pour remettre au goût du jour ou repenser les classiques. Certains plats s'inscrivent dans le patrimoine de toute une région, voire d'un pays, et trouvent toujours grâce par leur générosité et leur sensibilité. C'est à son chef exécutif Christophe Carlier (photo) qu'il a demandé de réaliser une recette à base de Fromages de Suisse.

Sa création pour *Les Fromages de Suisse* :

- Soupe à l'oignon à **L'Étivaz AOP** (p. 81)

TÊTEDOIE *

4, rue Pierre-Marion
69005 Lyon (France)

Stéphane Décotterd

Installé au sein de l'ancien *Hôtel Bellevue* de Glion, jouissant d'une vue sur le lac Léman et les Alpes, surplombant Montreux et la Riviera vaudoise, le restaurant gastronomique de Stéphane Décotterd laisse découvrir et admirer un spectaculaire terroir. Et notamment dans l'assiette, tant le chef tient à défendre un registre qui met à l'honneur les paysans, cueilleurs, pêcheurs, éleveurs ou vignerons, souvent devenus amis et si inspirants pour magnifier les saisons.

Ses créations pour *Les Fromages de Suisse* :

- Les rebibes de **Gruyère d'Alpage AOP**, cumin des prés et figues vertes (p. 115)
- **Le Vacherin Mont-d'Or AOP**, thé noir aux herbes, chanterelles au vinaigre et pommes de terre (p. 216)

MAISON DÉCOTTERD *

Route de Glion 111
1823 Glion-sur-Montreux (Suisse)

Frédéric Doucet

Dans le pays charolais réputé pour sa douceur de vivre, Frédéric Doucet reçoit dans la maison familiale située au bord de l'Arconce et entourée d'un poétique jardin. Formé par les célèbres voisins régionaux – Orsi et Bocuse à Lyon ou Troisgros à Roanne – il peut compter sur une technique classique et rigoureuse pour laisser cours à son imagination ou à son inspiration. Il aime magnifier les bons produits, qu'ils soient de sa région ou non, pour enchanter une clientèle sensible à la personnalité de cette adresse de caractère.

Ses créations pour *Les Fromages de Suisse* :

- Asperges vertes, jaune d'œuf coulant, émulsion de **Raclette du Valais AOP** (p. 131)
- Salade homard breton, **Tête de Moine AOP** (p. 167)
- Fricassée d'escargots de Bourgogne aux poireaux, sauce **Vacherin Mont-d'Or AOP**, galette poire (p. 213)

MAISON DOUCET *

2, avenue de la Libération
71120 Charolles (France)

Vivien Durand

L'adresse ne peut laisser indifférent : le restaurant installé dans les écuries d'un château surplombe le pont d'Aquitaine et accueille avec du rock en fond sonore. L'art contemporain y trouve parfait refuge comme, surtout, la cuisine de Vivien Durand. Cet ancien élève d'Alain Ducasse concocte des assiettes aux saveurs percutantes, à base de produits mis en valeur dans leur parfaite naturalité. Parmi les menus, l'un se consacre uniquement au végétal, s'approvisionnant parmi les producteurs ou artisans de ce Sud-ouest réputé généreux. La région Sud-Ouest se voit ici honorée, mais aussi préservée car toute la brigade respecte un cahier des charges rigoureux dans la préservation de l'environnement : plastiques et détergents bannis, tri sélectif, compost végétal ou substrat « maison » et à destination des maraîchers voisins.

Sa création pour *Les Fromages de Suisse* :

- Xistora et asperges de Gironde à la braise, tuile fondante d'**Appenzeller®** et condiment agrume (p. 43)

LE PRINCE NOIR *

1, rue du Prince Noir
33310 Lormont (France)

Denis Fétisson

C'est à une Provence rêvée qu'invite à goûter la cuisine du chef. Dans son restaurant situé sur une place du pittoresque village de Mougins, le registre méditerranéen qui lui est si cher trouve ici toute son authenticité. Il aime cuisiner avec des saisons toujours magnifiées dans son terroir natal.

Ses créations pour *Les Fromages de Suisse* :

- **Emmentaler AOP** soufflé, feuilles de tétragone à l'huile de noix, poire pochée au thym citron (p. 61)
- Croque-**Vacherin Fribourgeois AOP Extra** aux champignons de Paris, béchamel aux cèpes (p. 199)

LA PLACE DE MOUGINS

41, place du Commandant-Lamy
06250 Mougins (France)

Viki Geunes

Voilà un chef qui cite volontiers Paul Bocuse et Ferran Adrià, ou l'icône du jazz Chet Baker. Il propose dans son restaurant situé au dernier étage du Museum aan de Stroom une expérience sensorielle. L'intérieur au design sobre est intime et élégant quand ses assiettes jouent avec les textures et les saveurs pour des créations aussi complexes qu'épurées et qu'accompagnent des sauces réputées extraordinaires. Un voyage culinaire rendu possible par une brigade investie autour de ce cuisinier vraiment à part.

Ses créations pour *Les Fromages de Suisse* :

- Chou-fleur, homard, **Le Gruyère AOP Réserve**, argousier (p. 105)
- Mains d'Anvers, coing et **Le Gruyère AOP Réserve** (p. 107)

ZILTE ***

Hanzestedenplaats 5
2000 Anvers (Belgique)

Grégoire Gillard

Un parcours de premier plan avec un métier appris auprès de Lionel Rigolet, Alain Ducasse ou Sang Hoon Degeimbre et, surtout, un engagement sincère et personnel pour une gastronomie durable. La nature inspire chaque jour la créativité de Grégoire comme en atteste son menu surprise, telle une invitation à la découverte des produits et du savoir-faire artisanal de sa région bruxelloise. Dans son antre de brique nue et béton, le partage se veut chaleureux et s'inscrit dans un moment de haute gastronomie.

Ses créations pour *Les Fromages de Suisse* :

- Célerisotto à **L'Étivaz AOP**, champignons sauvages, mélange de graines, œuf fumé au foin (p. 79)
- Chou au **Vacherin Mont-d'Or AOP** et truffe noire (p. 211)

BARGE *

Boulevard d'Ypres 33
1000 Bruxelles (Belgique)

Franck Giovannini

Il est le quatrième chef de cette institution récompensée depuis 1975 de 3 macarons au guide Michelin. Comme Freddy Girardet, Philippe Rochat ou Benoît Violier, il impose cette rigueur qui signe ici chaque création autour d'un savant équilibre entre arômes et saveurs. La mode n'a jamais prise sur une gastronomie hors norme et restée accessible par la qualité du service et les nombreuses attentions prodiguées.

Sa création pour *Les Fromages de Suisse* :

- Royale d'asperges blanches assaisonnée à **L'Étivaz AOP** (p. 82)

RESTAURANT DE L'HÔTEL DE VILLE ***

Rue d'Yverdon 1
1023 Crissier (Suisse)

Maxime Meilleur

La famille Meilleur s'ingénie à perpétuer l'excellence à table tant en hiver auprès des skieurs qu'en été des randonneurs. Après René, c'est au tour de Maxime de mettre en scène une gastronomie pastorale comme de miser sur les produits et savoir-faire de montagnes environnantes vite inspirantes. Ses fils Oscar et Calixte déjà l'entourent pour perpétuer une success-story sans équivalent dans le massif alpin.

Ses créations pour *Les Fromages de Suisse* :

- **Vacherin Fribourgeois AOP** en raviole, bouillon cristallin de pain toasté, huile rance (p. 200)
- Champs de sarrasin… crozets frits, bouillon texturé de diots, fondue d'**Étivaz AOP, Tomme Vaudoise et Raclette du Valais AOP** (p. 180)

LA BOUITTE **

Hameau de Saint-Marcel
73440 Saint-Martin-de-Belleville

Lionel Rigolet

Pierre Wynants, le Bocuse belge, peut être fier de son gendre qui perpétue la tradition de son *Comme chez soi*. Dans ce cadre historique et légendaire, il perpétue les classiques indémodables de la maison tout en apportant sa touche bien personnelle comme sa personnalité autour de créations aux saveurs parfois inattendues et toujours bienvenues.

Ses créations pour *Les Fromages de Suisse* :

- Filet de sandre grillé, aumônière de soupe du chalet au **Gruyère AOP Réserve 12 mois**, croquant de **Gruyère AOP Classique 10 mois** (p. 108)
- Ravioli au **Gruyère AOP Réserve 18 mois**, salsiz, beurre monté à la sauge (p. 111)

COMME CHEZ SOI *

Place Rouppe 23
1000 Bruxelles (Belgique)

Marie Robert

Une personnalité affirmée et un indéniable talent expliquent le succès bien mérité que rencontre Marie Robert dans son établissement haut en couleur. Sa cuisine sait s'affranchir des codes pour faire découvrir un registre si personnel où les assiettes se découvrent tels des tableaux à l'évidence très gourmands.

Ses créations pour *Les Fromages de Suisse* :

- Pancake d'**Appenzeller® Doux**, bar mariné à la betterave (p. 45)
- Panna cotta **Tête de Moine AOP** et figues (p. 169)

LE CAFÉ SUISSE

Rue Centrale 41
1880 Bex (Suisse)

Julien Roucheteau

Ce Meilleur Ouvrier de France 2019 a trouvé dans ce palace de la Côte d'Azur l'écrin à la hauteur d'une exigence qu'explique notamment son passage auprès de Philippe Legendre au *George V* ou de Michel Troisgros. Ses assiettes souvent concises laissent la chance au produit savamment choisi de développer tout son potentiel aromatique et son imaginaire gourmand. Un exercice de style hautement appréciable sur la terrasse surplombant la mer.

Ses créations pour *Les Fromages de Suisse* :

- Royale de **Gruyère AOP Réserve** au chou vert, arrosée de bouillon de chou, truffe melanosporum (p. 113)
- Œuf bio parfait à la florentine, espuma de **Vacherin Mont-d'Or AOP** (p. 215)

LE RESTAURANT DES ROIS *

La réserve de Beaulieu
5, boulevard du Maréchal-Leclerc
06310 Beaulieu-sur-Mer (France)

Louis-Philippe Vigilant

L'institution Loiseau attendait son nouveau prodige. Louis-Philippe Vigilant relève hautement le défi, invitant à redécouvrir les classiques de Bernard comme à goûter à ses propres créations témoignant d'une fidélité incontestable aux principes du maître. Un repas vaut aussi ici pour la partie sucrée, le service, la cave et l'environnement qui en fait l'une des tables les plus charmantes ou romantiques de la campagne française.

Ses créations pour *Les Fromages de Suisse* :

- Gougère feuilletée à l'**Emmentaler AOP** (p. 63)
- Les treuffes du Morvan à la truffe noire et au **Sbrinz AOP**, crapiaux modernes (p. 147)

LA CÔTE D'OR **

2, avenue Bernard-Loiseau
21210 Saulieu (France)

François Robin
« Mieux qu'une dégustation, un art de vivre »

Fils d'éleveur de chèvres et producteur de fromages, François Robin suit des études de mathématiques et biologie, travaille dans le secteur culturel avant de se reconvertir et de revenir à ses racines. Après une première expérience chez Nicolas Julhès, il rejoint Fauchon pour animer et repenser le rayon Fromage. En 2011, il décroche le titre de Meilleur Ouvrier de France Fromager. Depuis 2012, il conseille et forme autour de sa passion fromagère. Il a écrit *Le Fromage pour les nuls* de la célèbre collection et anime un compte Instagram riche en contenus.

La Suisse est historiquement le berceau des fromages dits « à pâte dure » ou « à pâte mi-dure », jusqu'à mettre au point une technique de fabrication qui a essaimé chez ses voisins proches puis dans le monde entier. Et non contente d'être l'inspiratrice de nombreux fromages, elle a su aussi évoluer avec son temps technologique sans renier les traditions. Devenir éleveur, fromager, affineur, commerçant est valorisé comme rarement ailleurs dans le monde. Les vocations sont, ici, nombreuses, encouragées, accompagnées.

Si on veut comprendre pourquoi les fromages suisses offrent aux gourmets une telle qualité sensorielle, il faut se pencher sur ce qui fait un fromage.

Tout d'abord intervient la géographie d'un pays qui est certes constitué de nombreuses montagnes au cœur de l'arc alpin, mais aussi de plaines et de plateaux qui permettent d'avoir des ressources alimentaires pour les animaux tout au long de l'année. Ces paysages de carte postale ont été façonnés par des générations de femmes et d'hommes qui ont créé puis entretenu des prairies, conservé la biodiversité, adapté leurs pratiques au climat, aux saisons, en somme qui ont apprivoisé leur environnement avec une certaine dévotion.

Ensuite, il y a les vaches dont le lait est évidemment la base de tout. Bien-être, qualité de nourriture, respect des comportements naturels, amélioration constante des pratiques, autant d'attentions quotidiennes apportées à la vie des Simmental suisses, Braunvieh, Hérens ou autres races bovines qui peuplent ces pâturages aux nombreuses nuances de vert. Comme le dit le dicton fromager « On ne fait jamais un fromage meilleur que le lait » et la manière dont on élève ces nobles mammifères est une clef pour en obtenir un, savoureux et fromageable.

← L'un des gestes du fromager affineur : prélever une carotte de fromage avec une sonde pour évaluer la souplesse de la texture mais aussi son parfum et son goût.

Enfin, il y a le facteur humain, les femmes et hommes du lait, déterminants dans leur capacité à utiliser les éléments précédents pour cultiver, élever les animaux, élaborer des recettes fromagères et des soins d'affinage devenant au fil du temps des traditions, qu'on aurait tort de voir comme figées dans le temps, dénuées d'évolution. Les efforts incessants de chaque chaînon de la filière sont indispensables pour générer cette concentration d'arômes et de sensations. De la traite deux fois par jour du fermier à la notation des fromages par des experts indépendants, de la main du fromager qui plonge dans le caillé pour en évaluer la densité au geste de soin de l'affineur qui bichonne patiemment les pièces les plus délicates, tout le monde est concerné par la noblesse de la tâche et par la considération du travail d'avant et d'après soi.

Définir l'ADN des fromages de Suisse, au travers des particularités de chacun, revient à lier ces trois éléments : un environnement unique, des vaches au comportement naturel et des générations d'humains qui ont créé, puis perpétué un savoir-faire. Une interaction qu'on pourrait figurer en triangle, où chaque pointe est en relation avec l'autre, constituant ce qu'on appelle un terroir.

Le système d'AOP suisse permet d'ailleurs de sanctuariser les fromages qui sont issus de ce triangle du terroir. En délimitant des zones d'élaboration, en encadrant au maximum les pratiques et de très nombreux paramètres, la certification garantit au gourmand qui achète un produit une qualité gustative en lien avec la tradition mais aussi le respect de la nature et une juste rémunération des acteurs de la filière.

Il est nécessaire de préciser que chaque pays a ses terroirs ; si la France est le pays du camembert, des fromages parfumés et des chèvres moelleux, si l'Italie est celui du parmigiano reggiano ou de la mozzarella, si l'Espagne revendique le manchego et la Grèce la feta, la Suisse est clairement le pays des fromages au lait de vache de grand affinage parmi les plus fabuleux au monde. En tout cas à mes yeux.

«Les efforts incessants de chaque chaînon de la filière sont indispensables pour générer cette concentration d'arômes et de sensations. »

← Dans la pénombre de caves humides, le sort des Fromages de Suisse se joue en patience, sous le regard attentif et expert des hommes et des femmes de la filière.

Parmi la grande variété des fromages sublimés dans cet ouvrage, il n'est pas si simple de trouver des points communs, même si on perçoit souvent des arômes francs, dynamiques en bouche, combinés à des textures caressantes pour le palais et des belles longueurs. Ces particularités inspirent souvent les chefs ou les cuisiniers amateurs qui aiment travailler autour du caractère texturant du fromage (cassant, beurré, fondant...), de son profil aromatique (végétal, floral, lacté...) ou de sa capacité à venir condimenter un plat (salé, grillé, épicé...). Une « cuisinabilité » qui prend sa source dans l'intégration quasi constante du fromage dans la gastronomie suisse, bien au-delà des recettes traditionnelles de la fondue ou de la raclette.

Bien apprécier les fromages de Suisse, c'est aussi savoir les déguster au mieux, ce qui est à la portée de chacun en suivant quelques principes très simples.
Tout d'abord, le fromage délivrera de bien meilleures sensations si vous le sortez du réfrigérateur environ 30 minutes avant dégustation, afin qu'il soit à la bonne température, à savoir aux environs de 20 °C.
Ensuite, ne le gobez pas d'un seul coup, prenez votre temps ! Un fromage suisse, ça se regarde, ça se sent, on peut explorer les parfums du croûtage, le casser du bout des doigts pour apprécier les senteurs volatiles ainsi révélées en son cœur, le croquer ou l'étaler sur le palais, se laisser porter par ses émotions, fermer les yeux, essayer de déceler ce qu'il nous susurre aux sens, laisser des souvenirs remonter ou juste se réconforter dans l'instant présent, un voyage immobile...

Vous avez la Suisse et son incroyable tradition fromagère à portée de papilles, profitez-en !

François Robin
Un des Meilleurs Ouvriers de France Fromager 2011

→→ Un champ dans la région de Noréaz (Canton de Fribourg) avec une vache dont le lait sera transformé en Vacherin Fribourgeois AOP ou en Gruyère AOP.

→→→ Vue imprenable sur la Gruyère (le district) depuis l'alpage Hauta-Chia où les vaches paissent les herbes qui donneront son caractère au Gruyère AOP.

Appenzeller®

Le miroir des Préalpes

← Les meules d'Appenzeller® reposent en caves fraîches et humides, développant leurs parfums grâce à la saumure secrète dont on les frotte.

Appenzeller®

Canton

Dans les cantons d'Appenzell Rhodes-Intérieures et Appenzell Rhodes-Extérieures, et dans certaines parties des cantons de Saint-Gall et de Thurgovie.

Lait

Lait de vache cru et thermisé provenant de fermes locales.

Pâte

Pâte pressée non cuite.

Meule

Poids entre 6 et 7,5 kg.

Production

La masse obtenue après chauffage et coagulation du lait est pressée dans des moules spécifiques avant une période de salage. L'affinage reste une étape cruciale : utilisation d'une saumure avec laquelle le fromage est brossé pendant trois mois minimum, appelée « sulz », à base d'herbes aromatiques de montagne et dont la recette est restée secrète.

Il y a des fromages que l'on regarde, que l'on coupe, que l'on pèse. Et il y a l'Appenzeller®, que l'on devine. Sous sa croûte mordorée se cache un mystère bien gardé, une histoire de plantes, de montagnes et de silence. Un fromage à la peau frottée, au goût soutenu, au secret bien scellé. Depuis plus de 700 ans, il incarne une Suisse paysanne, montagnarde, attachée à ses terres et à ses rites.

On le produit entre le lac de Constance et les premiers contreforts de l'Alpstein. Une région à la frontière du canton d'Appenzell, dont l'Appenzeller® porte le nom, même si, ironie du sort, plus aucun fromage n'est aujourd'hui produit dans le canton d'Appenzell Rhodes-Intérieures. Tout autour, dans les cantons d'Appenzell Rhodes-Extérieures, de Saint-Gall et de Thurgovie, des villages perchés perpétuent la tradition. Trente-six fromageries, à taille humaine, presque toutes familiales.
Le lait arrive chaque matin, offert par des vaches brunes et des simmental, nourries d'herbe et de foin, jamais d'ensilage et sans OGM. Certaines passent l'été en alpage, participent à la montée avec cloches, fleurs et enfants en costume. Le lait est cru, ou thermisé partiellement, mais jamais pasteurisé. La flore, vivante, fait partie du terroir.

Dans la fromagerie de Schönenbüel, Mathias Näf répète les gestes. Chaque jour, il transforme le lait de treize producteurs, contre plus de trente il y a vingt ans, concentration oblige. Les cuves en forme de chiffre huit, savamment étudiées pour provoquer un brassage homogène, chauffent, le caillé se forme, on découpe, on brasse, on moule. La meule, qui pèse entre 6 et 8 kilos, passe au sel puis en cave. C'est là que la magie opère.

Car ce fromage-là ne s'affine pas comme les autres. Il est frotté, régulièrement, avec une saumure aux herbes, la fameuse « sulz », mélange d'eau, de sel et d'une infusion secrète de plantes, préparée à Appenzeller Alpenbitter AG, distillerie historique fondée en 1902. Quarante-deux herbes, deux macérations, cinq distillations, une recette connue de deux personnes seulement, enfermée dans un coffre dont il n'existe que trois clefs. Les gardiens du secret se cloîtrent quelques heures pour composer la mixture qui, une fois prête, est diluée puis livrée aux affineurs. Chaque meule est alors frottée à la main, une à deux fois par semaine au début, puis de manière plus espacée. L'alcool s'évapore, les arômes restent, c'est la « sulz » qui donne au fromage son goût unique, puissant, floral, long en bouche.

Marco Züger, à la fromagerie Züger AG, produit chaque jour plus de 400 meules. Une structure moderne, automatisée, mais toujours familiale. Il fabrique plusieurs types d'Appenzeller® : le Classic (3 mois), le Surchoix (4-5 mois), l'Extra (6 mois et plus). L'affinage se fait chez lui, puis dans les caves des affineurs partenaires. Le fromage est pesé, frotté, tourné, écouté. Il doit répondre à des critères stricts. Goût, texture, aspect. Ceux qui ne passent pas les tests finissent dans la raclette.

Créé par les vachers du pays d'Appenzell, l'Appenzeller® ¼-gras Racé est le plus ancien de la famille. Né d'un lait partiellement écrémé, dont la précieuse crème était réservée pour le beurre, il servait à nourrir les bergers sur les alpages. Très sec, corsé et affiné six à huit mois avec la même saumure secrète aux herbes que ses pairs, il s'impose aujourd'hui dans les fondues et les macaronis de montagne. Un fromage à pâte dure, sans lactose, sans gluten, sans colorants ni conservateurs. Le goût dans sa version la plus brute.

Dernier-né de la gamme, l'Appenzellerin® Élégant affirme son tempérament avec douceur. Moins corsé que ses aînés, ce fromage est affiné pendant trois mois avec une saumure légère, pour un résultat rond, onctueux, équilibré. C'est l'entrée en matière idéale pour découvrir l'univers Appenzeller® sans brusquer les papilles, mais avec toute la finesse du savoir-faire ancestral.

Rudolf Hegg, directeur de l'interprofession Appenzeller®, veille à l'équilibre de la filière. L'Appenzeller® n'est pas une AOP, mais il en respecte toutes les exigences : origine du lait, mode de production, règles d'affinage. Seule la gouvernance est différente. Quatre collèges se partagent les décisions : les paysans, les fromagers, les affineurs et le canton d'Appenzell Rhodes-Intérieures, propriétaire de la marque. Une exception suisse.

« Il y a des fromages de terroir et il y a l'Appenzeller®. Un fromage populaire, un fromage de lien, un fromage qui gratte, pique, caresse, qui parle de plantes, de bêtes, d'hommes et de femmes. Un fromage qui a du caractère et qui, comme les gens de l'Alpstein, ne le dissimule pas. »

→ Le geste auguste du frotteur d'Appenzeller® dont la brosse est imbibée de la mystérieuse « sulz ».

Dans les alpages, des fermes comme celle d'Hermann Bischoff pratiquent encore un élevage sobre et durable. Trente-cinq vaches, dehors toute l'année, pas de vétérinaire, peu de rendement. Du lait, du vrai, pas du volume. Hermann vend également des œufs tandis que sa femme s'occupe des poules. L'économie de la ferme est hybride, résiliente. Ici, on aime les animaux, on les nomme (l'une d'elles s'appelle Nokia, pourquoi pas), on les garde vieux. La viande est rachetée par de grands groupes de restauration rapide à des clients que l'on espère heureux et conscients de la déguster.

Dans cette filière, l'automatisation a permis d'alléger les tâches. Plus de femmes entrent en fromagerie, leur sensibilité est appréciée. On ne fait pas que tourner des meules, on éduque, on forme, on transmet. Le lien entre le fromager et le paysan reste fort. Le matin, on discute autour du lait, on se retrouve au barbecue annuel, on se comprend. Et si un apprenti ne s'entend pas avec son maître, on lui trouve une autre fromagerie. On est sérieux, pas rigides.

Les enjeux ne manquent pas. La diminution du nombre de fermes, l'équilibre entre tradition et modernité, la maîtrise des coûts, le maintien de la qualité. L'export, également. L'Appenzeller® se vend bien (10 000 tonnes par an), son goût typé plaît. Sa communication fonctionne, sa mystique aussi. La recette secrète intrigue, fait parler mais, derrière le folklore, il y a du travail, de la rigueur, une volonté de faire bon, toujours.

Il y a des fromages de terroir et il y a l'Appenzeller®. Un fromage populaire, un fromage de lien, un fromage qui gratte, pique, caresse, qui parle de plantes, de bêtes, d'hommes et de femmes. Un fromage qui a du caractère et qui, comme les gens de l'Alpstein, ne le dissimule pas.

Les conseils de François Robin

Un mystère entoure l'Appenzeller® : quelle est la composition exacte du « sulz », cette saumure parfumée qu'on utilise pour imprégner le fromage de ses arômes caractéristiques et dont seules quelques personnes connaissent le secret ? Peu importe finalement, l'Appenzeller® est réputé comme le fromage le plus corsé de Suisse, même si les différentes variétés (**Doux**, **Surchoix**, **Extra**, **Raffiné**) réservent un crescendo aromatique. De plus en plus marqué sur les herbes de montagne et les épices à mesure des affinages poussés, la texture ira du moelleux au presque cassant. Parfait en fromage de dégustation, on peut le recommander pour dynamiser une fondue ou un gratin de légumes.

← Dans la fromagerie de Schönenbüel, dirigée par Mathias Näf, l'observation des grains de caillé change tout.

↑ Des plaques alvéolées pour égoutter les fromages Appenzeller® en formation dans la fromagerie de Schönenbüel.

→ Après que le lait caillé a été coulé dans les moules, il faut l'aider à prendre sa place, la magie de la main opère.

↑ Emblématiques de la communication de l'Appenzeller®, trois vénérables Appenzellois devisent sur un banc.

→ Paysage typique du canton d'Appenzell, entre le lac de Constance et les premiers contreforts de l'Alpstein.

Xistora et asperges de Gironde à la braise, tuile fondante d'Appenzeller® et condiment agrume

Une recette de Vivien Durand,
***Le Prince noir** à Lormont**

Pour 5 personnes

1 xistora (saucisse de porc du Pays basque au pimenton et piment d'Espelette)
5 belles asperges blanches
450 g d'Appenzeller®
¼ de citron au sel
1 citron
½ citron confit au sucre
5 cl d'huile d'olive
4 cl de vin blanc
Sel
10 g de sucre

Asperges « limo »

Éplucher soigneusement les asperges blanches. Les disposer dans une plaque de cuisson à rebord. Saler et sucrer légèrement, ajouter le vin blanc et un zeste de citron, mouiller à hauteur avec de l'eau, recouvrir de deux feuilles de papier d'aluminium de façon hermétique. Cuire 27 minutes dans un four à 200 °C. Laisser reposer dans son eau de cuisson.

Xistora

Détailler la xistora en 5 morceaux équitables, les colorer dans une poêle chaude sans matière grasse de manière régulière en veillant à garder les morceaux bien droits, réserver au chaud.

Pâte d'agrumes

Dans un blender, mixer ensemble : citron au sel, citron au sucre, jus de citron et huile d'olive. Rectifier l'assaisonnement si nécessaire. Passer au tamis, débarrasser en poche à douille.

Réalisation

Dans une poêle ou sur une plancha pas trop chaude, disposer en cercle de diamètre d'environ 10 cm 90 g d'Appenzeller® préalablement râpé, laisser cuire doucement la tuile et garder du fromage juste fondu en son centre. Disposer l'asperge et la xistora encore chaude sur un bord de la tuile puis rouler ces dernières dans la tuile délicatement. Débarrasser sur un papier résistant et attendre 1 minute avant de déguster.

Pancake d'Appenzeller® Doux, bar mariné à la betterave

Une recette de Marie Robert, *Le Café suisse* à Bex

Pour 4 personnes

2 filets de bar sans peau et désarêtés
20 cl de jus de betterave
200 g de gros sel
Fleurs comestibles

Les pancakes
2 œufs
15 cl de lait
120 g de farine
1 c. à café de bicarbonate de soude
50 g d'Appenzeller® Doux
Sel et poivre de Kampot

La vinaigrette
10 g de purée de fruits de la passion
2 cl d'huile d'olive
1 échalote
10 g de persil
Sel et poivre

Faire mariner les filets de bar dans le jus de betterave et le sel pendant 30 minutes.

Pour les pancakes, mélanger l'Appenzeller® Doux aux autres ingrédients jusqu'à ce que la masse soit bien homogène. Laisser reposer la pâte pendant 1 heure. Faire cuire les pancakes au beurre dans une poêle bien chaude. Réserver.

Sortir les filets de bar de la marinade, les nettoyer à l'eau froide et les couper en petits dés. Les réserver au frais.

Préparer la vinaigrette : ciseler l'échalote et le persil, ajouter la purée de fruits de la passion et l'huile d'olive. Assaisonner.

Dresser en ajoutant quelques fleurs comestibles pour le décor.

EMMENTAL
Pasta dura di latte crudo svizzero, min. 45% di materia grassa
Swiss raw milk, min. 45% fat in dry matter

Emmentaler AOP
L'âme suisse en pointillé

← L'Emmentaler AOP est le plus gros des fromages avec ses meules pouvant peser jusqu'à 120 kg pour un diamètre de 1 mètre.

Emmentaler AOP

Canton

Produit dans plusieurs cantons suisses, l'Emmentaler AOP tire son nom de la vallée de l'Emme, dans le canton de Berne. Conformément au cahier des charges, la région de production de l'Emmentaler AOP comprend : Les cantons d'Argovie, de Berne (sans le district de Moutier), de Glaris, de Lucerne, de Schwyz, de Soleure, de Saint-Gall, de Thurgovie, de Zoug et de Zurich ainsi que les districts du Lac et de la Singine du canton de Fribourg.
Produit naturel suisse fabriqué régionalement ; distance maximale entre le producteur de lait et la fromagerie : 20 km à vol d'oiseau (trajets courts, peu d'émissions).

Communes

Fabrication artisanale dans plus de 100 fromageries villageoises.

Lait

Lait cru frais de vache (traitement thermique interdit) transformé au plus tard dans les 24 heures. Cahier des charges précis : de la qualité du lait à l'alimentation des animaux en passant par les conditions d'élevage.

Pâte

Fromage à pâte dure ; nombre et taille des trous dans le fromage respectés. Les trous si caractéristiques de l'Emmentaler AOP se forment pendant le processus d'affinage en cave chaude : la fermentation naturelle produit alors du gaz carbonique qui s'accumule à certains endroits dans le fromage, sans pouvoir s'échapper.

Meule

Quantité de lait : 1 200 litres de lait cru frais pour une meule entière (environ 100 kg). Les meules ont un diamètre de 80 à 100 cm et un poids de 75 à 120 kg.

Production

Durée d'affinage longue : de 4 mois minimum à 30 mois (haute qualité de transformation).

C'est un fromage à trous. Et, derrière chaque trou, une histoire, un paysage, un savoir-faire. Oubliez l'emmental fade, râpé et sous plastique. L'Emmentaler AOP, le vrai, est un monument, un colosse, cylindre de cent kilos, fruit d'une coopération intime entre vaches, producteurs, fromagers et affineurs. Dans sa robe beige lisse se cache l'un des plus anciens fromages de l'arc alpin. Il a vu partir des Suisses en Russie, en Amérique, en Nouvelle-Zélande, emportant avec eux la recette, parfois la presse, souvent la nostalgie.

Le nom vient de la vallée de l'Emme, dans le canton de Berne, coin paisible, vallonné, parsemé de fermes aux toits bas et de chemins bordés de pommiers. L'Emmentaler AOP est né dans ces prairies, quelque part entre les XIe et XIIIe siècles. Il a grandi dans les caves, il a voyagé sur les routes commerciales, il s'est imposé dans les réserves d'hiver et les marchés de printemps. Ici, les vaches paissent encore en plein air, broutant une herbe rase, grasse, nourrissante. La qualité commence au pis. Le cahier des charges est formel : lait cru obligatoire sans pasteurisation. C'est un fromage paysan, rustique, robuste, mais qui a toujours su rester fin.

À Uettligen, dans le canton de Berne, Christoph Räz perpétue la tradition familiale. Grand-père fromager, père fromager, fils fromager. Un triptyque héréditaire. Ce n'est pas qu'une affaire de goût, c'est aussi une affaire d'économie, de territoire, de transmission. La fromagerie est une sorte de service public. On y dépose son lait, on y décroche son premier stage, on y apprend la rigueur, la tempérance, la gratitude. Christoph forme, encourage, embauche. « Il faut montrer que c'est un vrai métier. Un métier d'avenir », affirme-t-il. Dans sa fromagerie à flanc de colline, on collecte le lait chaque matin auprès de onze fermes familiales. Le soir, on appuie sur pause. Pas de coulage nocturne, pas de production sous pression. Le temps a un goût.

Le lait arrive tiède, une vingtaine de degrés, n'est pas refroidi mais transformé dans les 24 heures. On chauffe, on caille, on décaille, chaque geste est millimétré. « Le bon moment, c'est la main qui le sent. » Christoph ne s'en remet ni à un graphique ni à un logiciel, il plonge la main, il jauge. Dans les cuves en cuivre, les fromages prennent vie. « Trois meules par jour en ce moment, précise Christoph. Jusqu'à huit à la haute saison. »

Puis vient la phase chaude, six semaines dans des caves à 21 °C. Les meules gonflent, se bombent, signe que les trous se forment. C'est le souffle de l'Emmentaler AOP, l'air qui s'infiltre et qui crée son identité. Chaque meule est un individu. Christoph tape, sonde, écoute, il ne décide pas pour le lot mais fromage après fromage. Il y a ceux du haut, qui chauffent plus vite, ceux du bas, qui profitent du sol, et ceux du milieu, plus lents, plus secrets.

Après, vient l'affinage, classique ou aventurier. Christoph vend du jeune, mais aussi du vieux, et même du très vieux, à la croûte tigrée par la morge. Certains partent à Londres, d'autres à Fronton, en France, chez un fromager passionné. Une diversification nécessaire. On ne vit plus dans les années fastes de l'Union suisse du commerce du fromage, quand tout était subventionné, exporté, garanti. Aujourd'hui, il faut convaincre, s'adapter, et résister. « Notre problème, c'est que l'on sait faire du fromage, mais pas très bien le vendre », reconnaît Christoph. Alors il développe sa propre gamme, dans son accueillante boutique de village très fréquentée. Crème, yogourts, bleu maison, fromage de brebis, on passe, on s'arrête, on repart le cabas plein. On vient aussi bien sûr pour la signature de Christoph, une empreinte, une fierté. Du collectif au singulier, l'Emmentaler AOP réaffirme son excellence.

Car, il ne suffit plus de produire. Il faut aussi expliquer. Pourquoi cette meule est plus chère qu'une autre. Pourquoi elle pèse cent kilos. Pourquoi elle a été frottée chaque semaine pendant des mois. Pourquoi elle a maturé dans une cave ventilée naturellement, sans artifices. Pourquoi chaque lot, chaque meule, chaque coupe raconte une histoire différente. Pourquoi cette histoire mérite d'être entendue, goûtée, partagée.

«Car, il ne suffit plus de produire. Il faut aussi expliquer. [...] Pourquoi chaque lot, chaque meule, chaque coupe raconte une histoire différente. Pourquoi cette histoire mérite d'être entendue, goûtée, partagée. »

← Par 21 °C dans des caves humides, l'Emmentaler AOP respire, gonfle et transpire, autant de signes que les trous sont bien en formation.

Il faut enfin défendre l'autonomie. Celle du fromager dans sa fromagerie. Celle du village autour de sa coopérative. Celle d'un pays qui choisit encore de fabriquer à la main ce que d'autres confient à des chaînes. Cela demande de la patience, de la sueur, des compromis, mais cela crée aussi de la richesse : pas seulement financière, mais humaine, culturelle, sensible. Une richesse que l'on peut trancher, sentir, faire fondre.

L'Emmentaler AOP est là, entre tradition et adaptation. Il se bat pour que son nom soit protégé, pour qu'on ne le confonde plus avec des ersatz industriels. Parce qu'un Emmentaler AOP bien fait, longuement affiné, c'est une musique, une respiration, une mémoire.

Il reste beaucoup à faire. Créer de la valeur, gagner en visibilité, redonner à l'Emmentaler AOP sa place au sommet des fromages suisses, là où il était, là où il pourrait être de nouveau. Christoph, lui, ne baisse pas les bras. Il tourne ses meules, affine ses recettes, sourit à ses clients. Il joue la carte locale, artisanale, exigeante. Parce que pour lui, et pour beaucoup d'autres, chaque trou est une promesse, une fenêtre ouverte sur un paysage, une culture, une patience. Et c'est peut-être ça, le vrai miracle de l'Emmentaler AOP : un fromage immense, humble, persévérant, qui respire, lentement, et se dévoile. En pointillé.

Les conseils de François Robin

Emblématique, imposant, régressif, l'Emmentaler AOP est l'un des fromages suisses qui a le plus rayonné dans le monde, au point qu'il suffit de montrer sa pâte alvéolée pour qu'il soit identifié au premier coup d'œil. Originaire de la vallée d'Emme dans le canton de Bern, il fait certainement partie des fromages les plus volumineux et lourds du monde. Le vrai Emmentaler AOP originel est loin d'être uniquement destiné à la cuisine : fromage à croquer, du quotidien, avec ses notes lactées et enfantines dans sa version **Classic**, il est à découvrir absolument dans sa version **Réserve**, où l'affinage au-delà de 8 mois met en avant des notes plus complexes et adultes, entre cajou et beurre fondu. Laissez-vous tenter par ses affinages poussés, vous risquez uniquement de redécouvrir un fromage que vous pensiez connaître.

→ Architecture caractéristique des fermes de la région de l'Emmental avec leurs toits à longs pans.

→ Les trous, signature de l'Emmentaler AOP, apparaissent lors de l'affinage, la fermentation délivrant des gaz.

↑ Le lait est chauffé, caillé puis décaillé avant d'être moulé, premières étapes cruciales pour obtenir un Emmentaler AOP.

→→ Dans les fromageries, on prend soin des belles meules d'Emmentaler AOP comme de bons gros nourrissons en les emmaillottant.

→ Hormis l'amélioration des techniques, le processus de fabrication de l'Emmentaler AOP n'a pratiquement pas changé au cours des 100 dernières années et reste très physique.

→ Le cahier des charges de l'Emmentaler AOP est draconien : l'ensilage est strictement interdit. Les vaches sont nourries au foin et à l'herbe.

Emmentaler AOP soufflé, feuilles de tétragone à l'huile de noix, poire pochée au thym citron

Une recette de Denis Fétisson,
***La Place de Mougins* à Mougins**

Pour 4 personnes

100 g d'Emmentaler AOP
50 g de beurre
50 g de farine
150 cl de lait
2 jaunes d'œufs
5 blancs d'œufs
50 g de chapelure de noix brute mixée
600 g de feuilles de tétragone
4 poires
50 g de sucre
1 branche de thym citron
4 cl d'huile de noix
2 cl de vinaigre de Xérès
6 g de fleur de sel de Camargue
2 g de poivre blanc

Les soufflés

Beurrer les moules à soufflé au beurre pommade à l'aide d'un pinceau. Recouvrir les parois des moules de chapelure de noix. Réserver au frais.

Réaliser un roux avec le beurre et la farine avec une légère coloration. Incorporer l'Emmentaler AOP râpé. Une fois le mélange bien homogène, ajouter les jaunes. Faire cuire 3 minutes à feu doux. Verser le lait bouillant et cuire 3 minutes. Réserver au froid en recouvrant d'un film étirable.

Monter les blancs en neige bien serrés avec une pincée de sel. Les mélanger à la préparation précédente avec une spatule. Une fois le mélange bien homogène, pocher le tout dans les moules à soufflé. Bien tasser et cuire au four à 180 °C pendant 6 minutes. Retirer du four et démouler.

Les poires

Confectionner un sirop avec 100 g de sucre pour 1 l d'eau avec une branche de thym citron et une pincée de fleur de sel.

Éplucher les poires, les tailler en cubes et les pocher pendant 4 minutes à 80 °C.

Dressage

Dans chaque assiette, disposer les feuilles de tétragone en rosace assaisonnées d'huile de noix, de vinaigre de Xérès, de fleur de sel de Camargue puis d'un tour de moulin à poivre blanc. Disposer le soufflé au centre et 3 cubes de poire autour.

Gougère feuilletée à l'Emmentaler AOP

Une recette de Louis-Philippe Vigilant,
La Côte d'Or** **à Saulieu**

Pour 15 personnes

100 g de beurre
12,5 cl d'eau
12,5 cl de lait entier
125 g de farine
4 œufs entiers
1 pincée de noix de muscade râpée
5 g de sel fin
1 g de poivre
60 g + 60 g d'Emmentaler AOP
300 g de feuilletage

Préparation de la pâte à choux

Faire chauffer dans une casserole l'eau, le lait, le beurre, le sel fin, le poivre et la pincée de noix de muscade râpée, porter à ébullition. Hors du feu, incorporer la farine tamisée en une seule fois, remuer à l'aide d'une spatule. Remettre sur le feu et dessécher pendant 30 secondes en remuant énergiquement avec la spatule, jusqu'au moment où la pâte est homogène et n'adhère plus aux parois de la casserole. Incorporer alors 60 g d'Emmentaler AOP râpé en mélangeant.

Mettre la pâte dans un saladier puis incorporer un par un les œufs en remuant vigoureusement à la spatule jusqu'au moment où ils sont bien absorbés par la pâte. Mettre aussitôt dans une poche munie d'une douille moyenne. Laisser reposer pendant 12 heures.

Finition des gougères et cuisson

Étaler la pâte feuilletée en rectangle ou en carré selon votre plaque à pâtisserie. Coucher la pâte à choux dessus en faisant des cylindres de la taille d'un doigt et en prenant soin de laisser ½ cm entre chaque cylindre.

Couper les bandes de feuilletage entre les cylindres à l'aide d'une roulette à pâte. Saupoudrer l'ensemble de 60 g d'Emmentaler AOP râpé. Mettre au froid avant la cuisson (on peut également congeler les bandes et les cuire à la demande).

Mettre les bandes à cuire sur une plaque antiadhésive ou sur du papier sulfurisé, dans un four chaud à 170 °C pendant 20/25 minutes. Laisser reposer puis servir tiède taillé en tronçons.

L'Étivaz AOP
La symphonie des hauteurs

← Pesant jusqu'à 35 kg, les meules de L'Étivaz AOP recèlent sous leur croûte toutes les saveurs d'un lait de vaches nourries à la biodiversité des pâturages d'altitude.

L'Étivaz AOP

Canton

Canton de Vaud (région des Préalpes vaudoises).

Communes

134 chalets d'alpage regroupant 70 familles de producteurs.

Altitude

2 700 vaches paissent dans des pâturages situés entre 1 000 et 2 000 mètres d'altitude.

Lait

Lait cru de vache non transporté. Stocké dans des baquets, le lait de la traite du soir est écrémé le lendemain par le fromager.

Pâte

Pâte dure.

Meule

Les meules pèsent de 15 à 35 kg et présentent une croûte naturelle, sèche et brunâtre. Diamètre : 30 à 65 cm.

Production

Fabriqué artisanalement entre le 10 mai et le 10 octobre. Lait chauffé exclusivement au feu de bois dans des chaudières en cuivre. Tous les fromages sont affinés aux caves de la coopérative dans le village de L'Étivaz.

Il faut grimper, quitter la vallée, serpenter le long des routes étroites qui s'accrochent aux flancs du Pays-d'Enhaut. Il faut laisser les forêts derrière soi pour atteindre les alpages suspendus et embrasser du regard le paysage où L'Étivaz AOP prend racine.

On le fabrique ici, entre mai et octobre, quand les vaches remontent aux pâturages d'altitude, broutant une herbe folle, dense et parfumée, dans laquelle s'épanouissent plus de 230 variétés florales. On ne les nourrit pas, on les laisse se nourrir. C'est toute la nuance. Ce sont elles qui choisissent, le lait témoignera de leur appétit, le fromage en sera la signature.

Le lait, d'ailleurs, ne quitte jamais l'alpage au rythme de deux traites par jour. Ni camion, ni citerne. Il est encore tiède quand il coule dans le chaudron de cuivre suspendu au-dessus du feu de bois. Le fromager veille, remue, éprouve, adapte. Chaque jour, chaque meule est une expression différente de la montagne, de la météo, de l'herbe. On dit souvent que L'Étivaz AOP sent le foin, la noisette, parfois même la fumée, en réalité, il goûte le moment.

Ici, tout est fait à la main, en patience. Ce n'est pas qu'une posture, c'est une condition d'existence. La coopérative, fondée en 1932 par des familles de fromagers soucieux de préserver leur savoir-faire, regroupe aujourd'hui encore plus de 70 familles. Beaucoup de fromagères et de fromagers ont moins de 40 ans. Les enfants aident, regardent, apprennent, la relève déjà à l'œuvre.

Chaque matin, les gestes sont à la fois les mêmes et jamais tout à fait pareils. Le feu crépite sous la cuve, la peau du lait se tend, le tranche-caillé détaille en grains, un peu semblables à ceux du riz. Tout repose sur l'œil, le nez, le poignet, ce doigté que les machines ne sauront jamais imiter. Dehors, la brume s'accroche encore aux crêtes. Dedans, on presse, on retourne, on frotte. L'alpage respire par le fromage.

La journée commence tôt, bien avant que la lumière ne touche les flancs des chalets. Il faut d'abord aller chercher les vaches, les brosser, les rassembler. Elles connaissent le chemin, avancent à pas lents, le souffle calme. Le bois coupé la veille, séché et rangé, est à portée de main. Le feu est une science, trop vif, il écrase le lait, trop timide, il ralentit le rythme. Chaque producteur a son tempérament, on le sent à la chaleur du sol, au frémissement du chaudron.

Il faut environ 280 litres de lait pour obtenir une meule d'Étivaz AOP, et chaque meule raconte son alpage, son terroir : altitude, orientation du chalet, humidité de la cave, bois des étagères. Rien n'est laissé au hasard, pas même la toile de lin dans laquelle on emballe la pâte encore fraîche pour l'égouttage. Durant les premiers jours, les meules sont retournées jusqu'à sept fois, frottées avec soin, puis transférées dans une autre cave plus sèche pour une maturation qui peut durer jusqu'à deux ans. Le temps façonne la texture, densifie l'arôme, cisèle le caractère.

Le sommet de cette lente alchimie porte un nom : L'Étivaz AOP Rebibes. Une sélection de meules petites, sans défaut, affinées plus de 36 mois, séchées à la verticale dans un grenier tapissé de copeaux de bois, retournées quart de tour après quart de tour, puis râpées en fins rouleaux ou dégustées en cubes.

Par-delà les marqueurs d'une longue histoire, L'Étivaz AOP sait aussi se réinventer. On le trouve aujourd'hui en préparations à fondues, en cubes apéritifs, ou encore dans les créations de chefs suisses et internationaux. Il a même été servi au dîner de gala Gault&Millau à Dubaï, dans les salons de la tour Burj Al Arab, autre sommet pour ce rustique d'altitude devenu ambassadeur du goût helvétique avec ses 91 % au Superior Taste Award, évaluation exceptionnelle attribuée par l'International Taste Institute. Mais, ce succès ne tourne pas la tête de la filière. L'helvétique éthique avant tout. Aucun transport de lait, pas d'ensilage, pas de standardisation, traçabilité drastique, chaque meule est surveillée dans ses moindres mouvements.

«La journée commence tôt, bien avant que la lumière ne touche les flancs des chalets. Il faut d'abord aller chercher les vaches, les brosser, les rassembler. Elles connaissent le chemin, avancent à pas lents, le souffle calme.»

Et puis, il y a la Maison de L'Étivaz AOP. Un bâtiment de bois, niché entre les montagnes, vitrine de la coopérative, point de rencontre pour curieux, gourmands, randonneurs. On y vend du fromage, bien sûr, mais on y raconte aussi une histoire. On y trouve une fromagerie de démonstration, pour comprendre de près les gestes, les outils, les matières. Une exposition permanente retrace l'histoire de la coopérative, ses fondateurs visionnaires, ses luttes pour préserver l'alpage, le feu de bois, l'autonomie. Dans la boutique, on vend le fromage bien sûr, mais aussi du beurre ou du sérac, et parfois même un peu de cette montagne, mise en bocal. La Maison n'est pas qu'un lieu de passage, c'est un lieu de partage au cœur d'un paysage.

Dans ce monde suspendu, chaque été est un recommencement. On démonte les clôtures, on remonte les sentiers, on rouvre les chalets, souvent centenaires, que la neige a figés pendant des mois. Les familles s'installent pour quatre, cinq mois de vie rude mais essentielle. Pas de route goudronnée là-haut, pas de confort moderne, juste le strict nécessaire pour tenir, fabriquer, vivre. Le soir, quand le soleil rase les crêtes et que le caillé repose, les enfants courent encore dehors. On entend le martèlement du bois contre le billot, les dernières meules mises sous presse, le feu qui meurt doucement.

Et l'on se dit que cette culture-là, de l'effort, de l'exactitude, de la dignité sans esbroufe, est peut-être l'une des plus précieuses qu'il nous reste. L'Étivaz AOP n'est pas un fromage folklorique, c'est une œuvre collective, fragile et tenace, portée par celles et ceux qui ont choisi la montagne, et qui y restent.

Les conseils de François Robin

Attention pépite ! L'Étivaz AOP est un fromage élaboré l'été en altitude par un nombre réduit de familles, qui utilisent un chaudron en cuivre chauffé au feu de bois. L'image est belle, et le fromage est à la hauteur au niveau des parfums : explosion iodée, notes grillées, touches de charcuterie poivrée, accents de fruits mûrs, tout nous ramène à son histoire et son terroir des Alpes Vaudoises. Évidemment parfait en fromage de plateau, on peut utiliser sa puissance pour venir rehausser des salades ou des soupes grâce à des petits copeaux.

→ Au Pays-d'Enhaut, le feu de bois sous le chaudron en cuivre est une chose sérieuse, ni trop ardent ni trop doux, il est la signature du producteur.

→ Les producteurs de L'Étivaz AOP prennent soin de leur fromage en devenir comme ils font leur lit avant une nuit réparatrice, une toile de lin et l'aventure peut commencer.

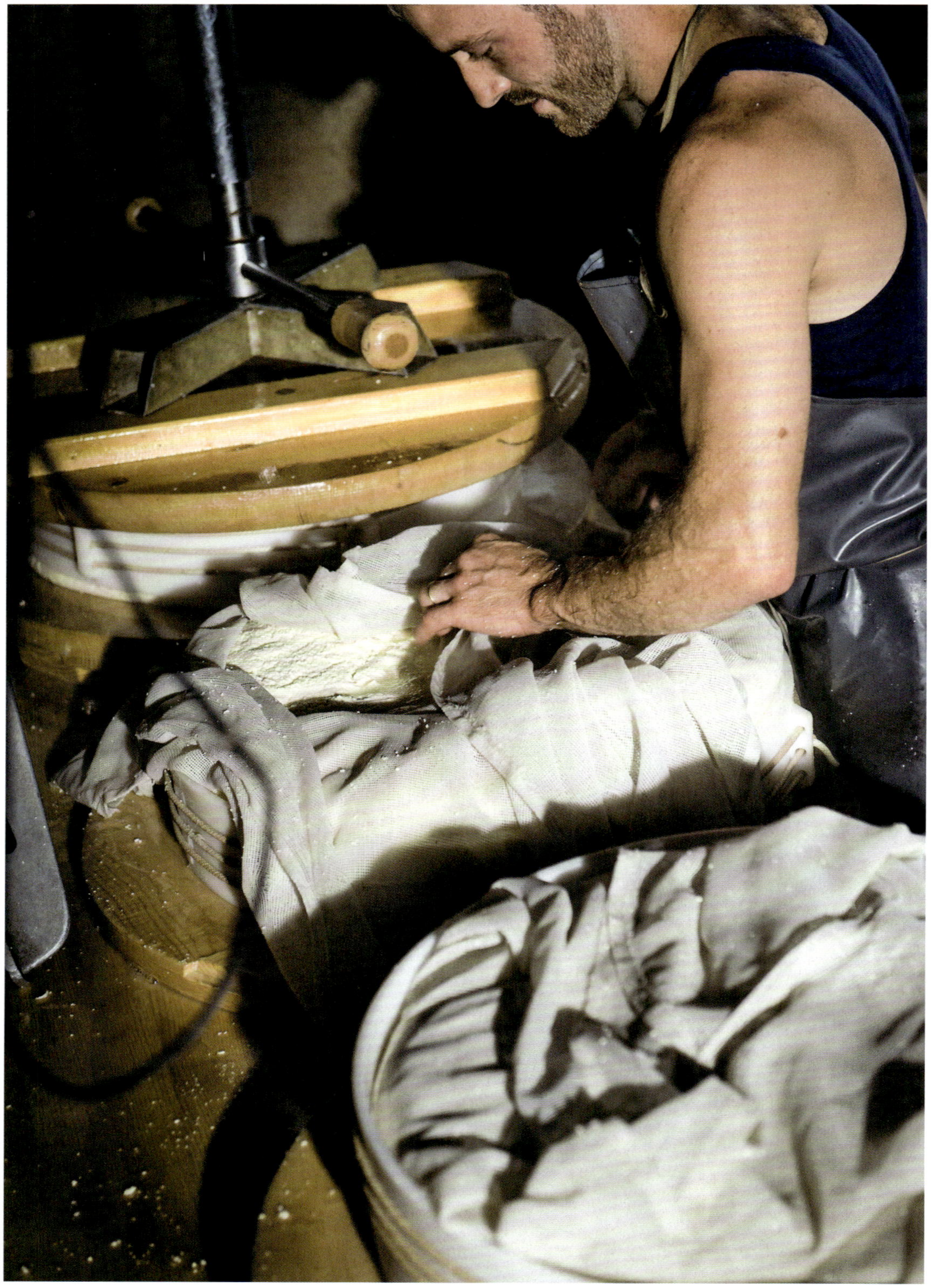

↑ Les gestes traversent les âges et l'émotion est toujours la même au moment de dévoiler les meules de L'Étivaz AOP dont la vie ne fait que commencer.

→ Une fois sortie de la presse où elle a reposé sur la toile de lin, la meule commence à être frottée d'un mélange d'eau et de sel.

↑ Des cloches ornent ce chalet mais on les voit surtout au cou des vaches lors de la désalpe, transhumance des alpages vers la vallée pour la saison d'hiver.

Célerisotto à L'Étivaz AOP, champignons sauvages, mélange de graines, œuf fumé au foin

Une recette de Grégoire Gillard,
***Barge** à Bruxelles**

Pour 6 personnes

6 œufs

Champignons marinés

250 g de champignons sauvages (trompettes, chanterelles, girolles)
5 cl de sauce soja
5 cl de vinaigre de cidre
50 g de sucre
10 cl d'eau

Bouillon de céleri

Épluchures d'un céleri-rave (environ 500 g)
50 g de shiitake séchés
50 g de levure boulangère torréfiée
75 cl d'eau

Célerisotto

750 g de céleri en brunoise
8 g de sel
15 cl de vin blanc sec
45 cl de bouillon de cuisson
10 g de Maïzena
50 g de miso blanc
250 g de L'Étivaz AOP en brunoise
100 g de beurre
Poivre du moulin

Mélange de graines

25 g de sésame blond torréfié
25 g de graines de lin
25 g de sobacha (sarrasin japonais torréfié)

Les champignons marinés

Porter le liquide à ébullition. Verser sur les champignons. Laisser refroidir. Conserver au frigo.

Le bouillon de céleri

Cuire 10 minutes à frémissement. Passer à l'étamine. En récupérer 45 cl.

Le célerisotto

Faire suer la brunoise de céleri avec le sel. Déglacer avec le vin blanc. Réduire à sec. Ajouter 40 cl de bouillon de céleri et porter à ébullition.

Délayer les 5 cl de bouillon restants avec 10 g de Maïzena. Ajouter ce bouillon au célerisotto. Amener de nouveau à ébullition.

Vérifier la cuisson du céleri. Monter avec le beurre et le miso. Ajouter les cubes de L'Étivaz AOP au dernier moment hors du feu.

Les œufs

Cuire les œufs à 65 °C pendant 1 heure. Débarrasser dans un saladier et déposer un peu de foin par-dessus. Allumer le foin avec un chalumeau. Couvrir ensuite le saladier et laisser fumer 15 minutes.

Le dressage

Disposer dans une assiette le risotto de céleri.

Casser l'œuf dans une tasse et verser dans une casserole d'eau à frémissement.

Laisser chauffer 30 secondes. Égoutter avec une écumoire et dresser au centre sur le risotto.

Ajouter les champignons marinés et le mélange de graines. Décorer avec quelques herbes.

Soupe à l'oignon à L'Étivaz AOP

Une recette de Christophe Carlier pour Christian Têtedoie, *Têtedoie à Lyon**

Pour 4 personnes

Soupe
4 oignons jaunes
1 gousse d'ail
1 branche de thym
3 c. à soupe d'huile de tournesol
25 cl de fond blanc
10 champignons de Paris
Sel, poivre

Toast
4 tranches de pain de mie
Huile d'olive
1 oignon rouge
1 tranche de 5 mm de jambon truffé ou blanc
2 belles tranches de 5 mm de L'Étivaz AOP
1 truffe melanosporum

Siphon Étivaz AOP
50 g d'échalote émincée
10 g de beurre
15 cl de savagnin
100 g de L'Étivaz AOP
50 cl de crème à 35 % de MG
Sel, poivre

Soupe

Peler et émincer les oignons, les faire compoter doucement avec l'ail écrasé et le thym jusqu'à l'obtention d'une belle coloration. Mouiller à hauteur avec le fond blanc et cuire 1 heure.

Passer, hacher grossièrement les oignons et les réserver.

Tomber la première eau des champignons, laisser évaporer puis les faire sauter vivement. Rectifier l'assaisonnement et les ajouter aux oignons.

Réduire légèrement le bouillon et rectifier l'assaisonnement.

Toast

Abaisser une plaque de pain de mie au rouleau à pâtisserie le plus finement possible. Tailler des cercles du diamètre de l'assiette, couper en 2 parties égales et réaliser des trous à l'aide d'une douille à pâtisserie.

Badigeonner d'huile d'olive et cuire à 140 °C durant 10 minutes.

Pour la garniture, tailler en brunoise de 5 mm l'oignon rouge pelé, le jambon truffé, une tranche de L'Étivaz AOP et la truffe.

Tailler des cubes de L'Étivaz AOP avec l'autre tranche que l'on placera à côté de la compotée dans l'assiette.

Siphon

Mettre à suer les échalotes avec le beurre. Déglacer au savagnin. Laisser réduire. Incorporer la crème. Laisser monter en température. Passer. Ajouter L'Étivaz AOP, laisser fondre, mixer, rectifier l'assaisonnement et mettre en siphon.

Dressage

Dresser les condiments sur le toast. Dans une assiette creuse, disposer la compotée d'oignons, le bouillon, le siphon et les cubes de L'Étivaz AOP tout autour. Poser le toast sur l'autre moitié et servir.

Royale d'asperges blanches assaisonnée à L'Étivaz AOP

Une recette de Franck Giovannini,
Restaurant de l'Hôtel de Ville** à Crissier**

Pour 4 personnes
(pour des assiettes creuses ou bols de 13 cm de diamètre)

32 asperges blanches de calibre 16/22 pour l'ensemble de la recette

Sauce asperges blanches

500 g de tiges d'asperges blanches
50 cl de bouillon de légumes
350 g de crème
Vinaigre d'asperges blanches ou jus de citron

Royale d'asperges blanches

300 g de sauce asperges blanches
2 œufs entiers

Appareil à bricelets

50 g de crème
60 g de farine
4 cl de vin blanc
1,5 cl d'eau
4 g de sel fin
200 g de L'Étivaz AOP

Finition

16 tranches de viande séchée du Valais
100 g de L'Étivaz AOP
4 têtes d'asperges blanches
4 tiges d'asperges blanches
170 g de sauce asperges
40 g de flocons de pomme de terre déshydratés

Assaisonnement

Sel
Tabasco
Fleur de sel
Mignonnette de poivre
Huile d'olive

Éplucher et laver les asperges blanches, couper les têtes à 3 cm de longueur.

Mettre de côté 4 têtes et 4 tiges d'asperges blanches crues pour la finition de la recette, réserver également 500 g de tiges pour réaliser la sauce.

Cuire à l'anglaise les têtes et les tiges d'asperges restantes puis les rafraîchir dans de l'eau glacée, égoutter et réserver.

Couper toutes ces têtes en deux, puis tailler en brunoise 40 g de tiges et le reste en biseaux.

Sauce asperges blanches

Émincer les 500 g de tiges d'asperges crues (en garder 100 g pour les ajouter dans la sauce à la fin).

Porter le bouillon de légumes à ébullition, saler, poivrer et cuire les tiges émincées pendant environ 15 minutes. Ajouter la crème, les 100 g de tiges crues, mixer et passer au chinois.

Rectifier l'assaisonnement et terminer la sauce en ajoutant un filet de vinaigre ou de jus de citron.

Royale d'asperges blanches

Prélever 300 g de sauce froide, y ajouter 2 œufs, mélanger et rectifier l'assaisonnement.

Répartir équitablement cet appareil dans les 4 assiettes ainsi que la brunoise de tiges blanchies.

Les recouvrir individuellement d'un papier film, puis cuire au four vapeur à une température de 85 °C pendant 15 à 20 minutes.

Appareil à bricelets

Dans un récipient, mélanger tous les ingrédients au fouet. Réserver l'appareil dans une poche à dresser pendant 1 heure au réfrigérateur. Précuire un peu de cette masse dans le gaufrier à bricelet bien chaud en le laissant fermé pendant 10 secondes. Poser ensuite cette pâte précuite sur une planche et détailler 1 disque de 12 centimètres de diamètre. Le remettre à cuire dans le gaufrier pour terminer sa coloration. Répéter l'action quatre fois, réserver ces disques.

Finition

Rouler 8 tranches de viande séchée et les couper en biseaux pour réaliser des cylindres d'environ 2 cm. Frire les tranches restantes à 180 °C pour obtenir des chips. Bien les égoutter sur un papier absorbant.

Lorsque ces chips sont froides, casser la moitié en morceaux qui serviront pour la décoration et mixer l'autre moitié en poudre.

À l'aide d'un économe, prélever dans L'Étivaz AOP 20 copeaux et couper le reste en petits dés.

Faire bouillir 170 g de sauce, ajouter les 40 g de flocons de pomme de terre, mélanger quelques minutes pour obtenir une purée qui servira pour le décor du bricelet et la réserver dans une poche à dresser.

À l'aide d'une mandoline, tailler les têtes d'asperges crues en copeaux fins, puis découper en petits biseaux les tiges d'asperges crues.

Dressage

Disposer harmonieusement sur les royales les dés de fromage et la moitié des asperges cuites et crues.

Réchauffer les royales garnies au four à 200 °C pendant 5 minutes recouvertes d'un papier absorbant humide.

Pendant ce temps, décorer les bricelets avec les points de purée, les têtes et biseaux cuits et crus d'asperges restantes, les rouleaux de viande séchée, les copeaux de L'Étivaz AOP et des morceaux de chips de viande séchée.

Les assaisonner avec un trait d'huile d'olive, de la fleur de sel, de la mignonnette de poivre et de la poudre de viande séchée.

Terminer la recette en versant la sauce émulsionnée bien chaude sur les royales et les recouvrir avec un bricelet garni.

Royale d'asperges blanches assaisonnée à L'Étivaz AOP

ALPAGE
AOP

Le Gruyère AOP et sans trou

← Produit en altitude de mi-mai à mi-octobre, Le Gruyère d'Alpage AOP est fin, racé, fruité grâce au lait cru des vaches nourries à la flore alpine.

Le Gruyère AOP

Canton

Le Gruyère AOP doit son nom à la région de la Gruyère, dans le canton de Fribourg. Aujourd'hui, il est fabriqué dans les cantons de Fribourg, Vaud, Neuchâtel, Jura et dans quelques communes du canton de Berne.

Lait

Les vaches sont nourries uniquement avec du fourrage naturel, herbe fraîche en été, foin en hiver, sans aucun additif ni ensilage. Chaque producteur livre le lait à sa fromagerie attitrée, deux fois par jour, le matin et le soir. Le lait doit provenir d'un rayon de 20 km maximum de la fromagerie.

Pâte

Fromage à pâte dure au lait cru. Le Gruyère AOP est sans trous (à la différence de l'Emmentaler AOP). La pâte est lisse, dense et légèrement granuleuse.

Meule

Entre 25 et 40 kg ; 20 à 35 kg (pour la variété d'Alpage) ; chaque meule est pressée pendant une vingtaine d'heures.

Production

Le lait du matin rejoint dans la cuve en cuivre le lait du soir. Le fromager ajoute des ferments lactiques à base de petit-lait pour faire maturer le lait. Puis il ajoute la présure (ingrédient naturel), pour faire coaguler (cailler) le lait. Le caillé est alors tranché à l'aide de grands couteaux jusqu'à l'obtention de grains. Le contenu de la cuve est chauffé progressivement jusqu'à 57 °C, pendant 40 à 45 minutes. Le lendemain, le fromager démoule chaque meule et les plonge pendant 24 heures dans un bain de sel à 22 % de concentration. Ensuite commence un lent affinage de 5 mois minimum.
Le Gruyère d'Alpage AOP est fabriqué uniquement de mai à octobre, en alpage, au feu de bois, avec du lait cru de vaches qui paissent en altitude (c'est ce qui lui donne son arôme plus marqué).

Il y a des histoires qui ne supportent pas les raccourcis. Celle du Gruyère AOP est de celles-là. Derrière une meule dorée, un disque dense aux arômes de noisette, de foin, de lait cuit, se cache un système complexe, un écosystème vivant, un modèle de coopération à la fois rigoureux et humain. Un monde en soi, qui résiste encore et toujours à l'industrialisation galopante, à la standardisation des saveurs, à l'uniformisation des paysages.

L'histoire commence, comme souvent, par la fin : la fin d'un monopole. Entre 1914 et le début des années 1990, tout est centralisé par l'Union suisse du commerce de fromage, organisation regroupant des exportateurs de fromage, des producteurs laitiers, des fromagers et des consommateurs. Tout le monde y trouve son compte : bon prix pour les paysans, marge garantie pour les fromagers, ventes assurées pour les marchands. Mais le modèle s'essouffle et la mondialisation vient bouleverser l'édifice. Il faut tout repenser. Le Gruyère AOP prend alors une décision presque politique : créer une interprofession. Un équilibre à trois têtes, où producteurs, fromagers et affineurs avancent ensemble, main dans la main, avec un objectif : protéger un produit, une appellation, mais surtout une manière de faire.

Le Gruyère AOP repose sur un socle solide : un cahier des charges aussi strict que précis. Les vaches sont nourries sans ensilage. Le lait cru doit être transformé en 18 heures maximum, interdiction de le refroidir, de le filtrer. Les cuves sont en cuivre, les planches d'affinage en épicéa. Chaque meule est identifiée, tracée, pesée, retournée, brossée, notée. La vie d'une meule de Gruyère AOP, c'est presque une autobiographie. Et pour qu'elle se raconte bien, elle doit être bien née. Cela commence dès l'herbe, dès la ration, dès la traite. Rien n'est laissé au hasard, mais tout dépend du vivant. Une alchimie à la fois maîtrisée et imprévisible.

Il faut bien sûr des femmes et des hommes pour incarner tout cela. Nicolas Schmoutz, patron de la Fromagerie de Mézières depuis 2009, a commencé dans sa baignoire, adolescent. « Aujourd'hui, je dirige une fromagerie coopérative moderne, raconte-t-il. Je suis locataire du bâtiment, employeur de mes salariés, responsable de mes meules. Je vends, je forme, je transmets. » Dans son équipe : des anciens, des jeunes gens, des jeunes femmes, des apprentis. « Tout le monde doit savoir tout faire. »

Le lait, c'est celui des 35 producteurs installés dans un rayon de trois kilomètres autour de la fromagerie. Du circuit court dans sa version la plus concrète. Chaque matin, chaque soir, les laits sont apportés directement par la quasi-totalité des éleveurs. « Autrefois ils entraient dans la fromagerie, aujourd'hui, ils restent à la porte, regrette Nicolas. Les échanges sont moins faciles mais on réussit à les préserver, c'est essentiel. » Mélangé, pesé, versé dans les cuves, le lait est tout sauf standardisé. Avec le petit-lait de la veille, on prépare une sorte de levain de bactéries lactiques multipliées, qui viendra enrichir la traite du lendemain. « Il y a des petites différences, bien sûr, mais la régularité est cruciale », précise Nicolas. Après quatre mois d'affinage, chaque meule passe devant un taxateur : une sorte de jury sensoriel qui note, classe, autorise ou non la commercialisation sous le label AOP.

Direction Moudon. Sous la montagne, des grottes. Et dans les grottes, des meules. Bienvenue chez Fromco SA, affineur depuis 1974 et acteur historique de l'appellation. Dans ses entrailles, on découvre un trésor de 160 000 meules en cave, préservées par la molasse, cette roche poreuse qui respire, qui pleure, même, offre humidité et température constantes. Un frigo naturel. Ici, le Gruyère AOP prend le temps. Chaque semaine, il est retourné, frotté à la saumure, dorloté. Tout est enregistré : le lot, la date, le soin reçu. Des robots déambulent entre les piles, soulèvent les meules, les brossent, les recouchent. L'homme veille, observe, ajuste. « On est dans l'artisanat de précision, souligne Christian Zürcher, directeur de Fromco SA. Le bois d'épicéa est un partenaire. Il respire, il hydrate, il sécurise. » Ce jeune patron affine aussi les mots. « Un affineur ne stocke pas. Il transforme. Il façonne le goût. » Et puis il gère les flux, les demandes, les prévisions. « Après la taxation, on choisit si on pousse l'affinage à huit, dix, douze, vingt mois. Selon le profil du lot. » Une stratégie fine, presque éditoriale. Tout se joue dans les arômes, la texture, la longueur en bouche. C'est un art, mais aussi une science.

→ Durant un affinage d'au moins 5 mois, Le Gruyère AOP repose sur des planches en bois d'épicéa, retourné et frotté à la saumure régulièrement.

4961 9

Le Gruyère AOP a choisi de rester à taille humaine. Une seule fromagerie qui grossit, c'est un monde qui rapetisse. Et avec lui, les nuances disparaissent. « Si on perd la diversité, on perd l'identité », résume Philippe Bardet, ancien directeur de l'interprofession. Et les clients, les grands acheteurs, eux, ne s'y trompent pas. Ils viennent goûter, comparer, choisir. Chaque lot a sa signature, son grain, son intensité. Le Gruyère AOP, c'est aussi une mémoire gustative. « Il y a des pressions pour ouvrir les règles, lisser la production, industrialiser, s'inquiète Philippe Bardet. Mais ce serait perdre notre âme. » La vigilance est constante. Le modèle repose sur une forme de fragilité volontaire : pas de groupes tentaculaires, pas d'investisseurs à dividendes, des coopératives, des statuts indépendants, des entreprises familiales. Un réseau à la fois souple et solide. Il faut du courage pour maintenir ce cap, pour dire non aux sirènes de la rentabilité immédiate.

Le Gruyère AOP est une leçon de modestie. Il ne se vante pas, il travaille, il répète les gestes, il affine les meules. Il a compris que pour durer, il fallait choisir la qualité, le lien au terroir, le soin apporté à chaque détail. Contrairement aux idées reçues et à son voisin français, il n'a pas de trous, il est là, puissant, droit dans sa cave, attendant son heure. Et quand elle arrive, c'est une évidence. Une saveur pleine, un morceau de paysage fondu sur la langue, la persistance d'un savoir-faire ancré dans les Alpes, transmis à hauteur d'homme, dans le silence des caves et la parole des mains.

Les conseils de François Robin

Le Gruyère AOP est un bijou, un concentré de saveurs d'une régularité admirable. Qu'il soit **Classique** avec des notes crème et beurre frais, **Réserve** avec son affinage d'au moins 10 mois qui fait la part belle à la cristallisation et les saveurs umami ou encore **d'Alpage** avec ses notes torréfiées et animales persistantes, la qualité est toujours au rendez-vous. Polyvalent et gastronomique, il excelle en cuisine, sur un plateau raffiné ou en accord avec de nombreux produits : miel, pousses de petits pois, sarrasin grillé, ail noir ou plus simplement un pain au levain toasté. L'incarnation même du mot « gourmand ».

← Herbe fraîche en été sur l'alpage, foin en hiver au chaud, sans ensilage : telle est la belle vie des vaches de la région de la Gruyère.

↑ La marque de caséine, protéine naturellement présente dans le lait, permet d'identifier chaque meule, de lui conférer identité et traçabilité.

↑↗ Dans les cuves en cuivre où le caillé se forme, chaque geste compte et toutes les acrobaties sont permises pour produire un Gruyère AOP délicieux.

↑ Comme jadis, Le Gruyère d'Alpage AOP est chauffé au feu de bois et pressé dans une toile au sortir de la chaudière.

→ Plus petite, la meule de Gruyère d'Alpage AOP reste dans sa toile avant de partir pour un affinage de 5 à 16 mois.

↑ Au cœur de l'automne, les vaches reprennent leurs quartiers et changent de régime, laissant place à du bon foin 100 % naturel.

→ Dans les champs suisses, la paille bronze au soleil couchant, protège les sols de l'érosion et se prépare à être broutée goulûment.

Chou-fleur, homard, Le Gruyère AOP Réserve, argousier

Une recette de Viki Geunes, *Zilte** à Anvers**

Pour 4 personnes

5 g de mélange d'herbes (ciboulette, fleur de fenouil, fenouil bronze)
50 g de pousses de chou-fleur
12 tranches de chou-fleur cru
3 argousiers
20 g de sarrasin soufflé

Homard
1 homard breton de 650 g
100 g de sel
1 l d'eau

Tartelette
1 kg de purée de chou-fleur
120 g d'isomalt (édulcorant)
60 g de glucose en poudre
90 g de fécule de maïs
10 g de sel

Mousse de chou-fleur
300 g de purée de chou-fleur
50 g de dashi
2,5 feuilles de gélatine
30 cl de crème semi-fouettée

Crème fondante au Gruyère AOP Réserve
18 cl de lait
80 g de Gruyère AOP Réserve
0,8 g d'agar-agar
1/2 feuille de gélatine
10 cl de bouillon de crustacés réduit très fort

Glaçage au homard
90 ml de miel fermenté
100 ml de consommé de homard
25 ml de ponzu à la tomate
10 ml de vinaigre de henega (ou de riz brun)
30 ml de dashi de shiitake
2 g de miso noir

Mousse de sarrasin
100 g de kasha torréfié
37 cl de dashi
4 g de lécithine

Tartelette

Réunir les ingrédients jusqu'à constituer une pâte. L'étaler finement, la sécher et la disposer dans un moule d'environ 50 cm de diamètre. Mettre au four à 140 °C pendant 14 minutes.

Mousse

Mettre à tremper les feuilles de gélatine dans de l'eau tiède. Les égoutter soigneusement, les essorer et les intégrer aux autres ingrédients. Mélanger le tout. Répartir dans des moules. Mettre dans le réfrigérateur et démouler une fois pris.

Crème fondante au Gruyère AOP Réserve

Faire bouillir tous les ingrédients à l'exception de la feuille de gélatine. Mettre cette dernière à tremper dans de l'eau froide, l'essorer et l'incorporer au mélange porté à ébullition. Laisser refroidir le tout, mixer et mettre en poche.

Homard

Porter à ébullition l'eau avec le sel. Récupérer la queue du homard et la mettre à saumurer pendant 6 minutes dans ce mélange. Puis faire cuire sous vide pendant 7 minutes à 70 °C. Passer sous le gril, glacer avec le glaçage au homard et trancher en médaillons.

Pousses de chou-fleur

Les cuire sous vide à 90 °C pendant 10 minutes.

Tranches de chou-fleur cru

Les trancher à l'aide d'une mandoline le plus finement possible.

Argousier

Les couper en deux et retirer les graines.

Sarrasin soufflé

Cuire le sarrasin dans de l'eau salée. L'égoutter et le placer pendant 4 heures dans un four à 60 °C. Puis le frire dans la friteuse à 190 °C.

Mousse de sarrasin

Mélanger 0,5 l de liquide de cuisson du chou-fleur avec le dashi, la lécithine, le kasha torréfié et mixer le tout.

Assemblage

Disposer la mousse dans la tartelette, l'entourer de crème de gruyère et garnir de homard. Terminer avec des tranches et des pousses de chou-fleur, de l'argousier et des herbes. Recouvrir de mousse de sarrasin aérienne.

Réserve

Mains d'Anvers, Le Gruyère AOP Réserve

Une recette de Viki Geunes,
Zilte* **à Anvers**

Pour 50 biscuits

Biscuit
100 g de beurre
30 g de beurre noisette
115 g de Gruyère AOP Réserve
20 g de jaune d'œuf
140 g de farine T55
3 g de sel
15 g de farine T130
5 g de moutarde en poudre
3 g de champignons séchés en poudre
3 g de truffe en poudre

Biscuit Mains d'Anvers

Mélanger tous les ingrédients jusqu'à former une boule de pâte. Étaler cette pâte et découper des motifs en forme de Main d'Anvers. Cuire au four à 170 °C pendant 8 à 10 minutes.

Filet de sandre grillé, aumônière de soupe du chalet au Gruyère AOP Réserve 12 mois, croquant de Gruyère AOP Classique 10 mois

Une recette de Lionel Rigolet, *Comme chez soi à Bruxelles**

Pour 4 personnes

400 g de filet de sandre
Huile d'olive aromatisée au thym
Feuilles de laitue blanchies
Gruyère AOP fraîchement râpé
Petits dés de Gruyère AOP
Un peu de sucro
Sel, poivre du moulin

Soupe du chalet

100 g de Gruyère AOP Réserve 12 mois coupé en dés de 3 cm
750 g de poireaux coupés en dés de 3 cm
40 g d'oignon coupé en deux
50 g de carottes coupées en dés de 3 cm
125 g de pommes de terre coupées en dés de 3 cm
15 g de beurre
25 cl de bouillon de légumes
25 g de pâtes sèches type cornettes
35 g de petits dés de cornichons au vinaigre
35 g d'oignons verts ciselés
10 cl de lait entier
5 cl de crème à 40 % de MG
1 petite pincée de poivre moulu
1 petite pincée de noix de muscade

Coulis persil, gingembre

20 cl de fond de volaille
15 g de gingembre frais
50 g de persil frisé
Un peu de Gelespessa

Pâte à tuile

20 g de blancs d'œufs
12 g de beurre fondu chaud
12 g de broyage d'amandes
12 g de Maïzena
8 g de Gruyère AOP Classique 10 mois
0,4 g de poudre de céleri moulu
0,7 g de sel de céleri

Soupe du chalet

Faire fondre le beurre dans une casserole, lorsqu'il est mousseux, y faire suer les poireaux, les oignons et les carottes.
Ajouter les dés de pommes de terre, mouiller avec le bouillon de légumes et le lait, porter à frémissement. Incorporer les pâtes, assaisonner de sel, de poivre et de muscade. Faire cuire en gardant les légumes croquants. Retirer du feu, égoutter les légumes, les refroidir le plus vite possible, bien garder le jus de cuisson qui constituera la sauce.

Aumônière

Mélanger les légumes ainsi cuits dans un bol avec les dés de Gruyère AOP Réserve 12 mois, les dés de cornichons, les oignons verts ciselés, rectifier l'assaisonnement en sel, poivre blanc moulu et noix de muscade. Bien sécher les feuilles de laitue, les étaler sur le plan de travail 2 par 2 pour avoir 4 montages. Partager le mélange divisé en 4 au centre des feuilles de laitue, refermer délicatement et placer dans un cercle de 8 cm de diamètre légèrement huilé pour faciliter la manipulation. Huiler la surface des feuilles de laitue. Garder au frais. Au moment de servir, réchauffer au four vapeur à 85 °C pendant environ 8 minutes, retirer le cercle, passer légèrement à la salamandre.

Coulis de persil, gingembre

Porter le fond de volaille dans une casserole à frémissement, ajouter le gingembre et laisser infuser pendant environ 10 minutes. Ajouter le persil et bien blanchir, passer le tout au Thermomix puis au chinois fin, lier légèrement, assaisonner et débarrasser dans une pipette. Garder au frais.

Sandre grillé

Badigeonner légèrement les filets de sandre d'huile d'olive aromatisée au thym, quadriller les deux côtés sur un gril bien chaud, déposer dans un plat, assaisonner et terminer la cuisson dans un four chaud. Sécher sur un linge, saupoudrer de fleur de sel, déposer sur l'assiette.

Sauce

Chauffer le jus de cuisson dans une casserole, ajouter la crème, donner une ébullition, réduire légèrement, rectifier l'assaisonnement en sel, poivre et noix de muscade. Ajouter un peu de sucro et émulsionner la sauce.

Pâte à tuile

Mélanger dans le KitchenAid avec le batteur plat les blancs d'œufs et le broyage d'amandes. Ajouter la Maïzena, le Gruyère AOP Classique 10 mois, la poudre de céleri et le sel de céleri. Mélanger à nouveau puis terminer par le beurre chaud (mais pas trop). Bien mélanger. Étaler sur une toile de cuisson. Cuire au four 10 minutes à 180 °C. Laisser refroidir.

Dressage

Parsemer un peu de dés de Gruyère AOP dans l'assiette creuse, couler un peu de persil gingembre au centre, verser la sauce émulsionnée, déposer le sandre au centre, dessus, poser l'aumônière, râper du Gruyère AOP à la Microplane®, terminer par la tuile et un peu de poudre de piment d'Espelette.

Ravioles au Gruyère AOP Réserve 18 mois, salsiz, beurre monté à la sauge

Une recette de Lionel Rigolet,
***Comme chez soi** à Bruxelles**

Pour 4 personnes

Pâte à ravioles
200 g de farine 00
100 g de semoule fine
3 œufs entiers
Un peu d'huile d'olive
Sel fin

Farce
60 g de salsiz (saucisse crue des Grisons) coupée en petits dés
125 g de mascarpone
125 g de yaourt grec
3 g de feuilles de sauge hachées finement
150 g de Gruyère AOP Réserve 18 mois
½ c. à café de sel
Noix de muscade

Beurre blanc à la sauge
100 g d'échalotes finement ciselées
20 cl de vin blanc sec
3 cl de vinaigre de vin blanc
20 cl de bouillon de légumes
150 g de beurre
50 g de crème
1 citron jaune
Sauge ciselée
Feuilles de sauge

Garniture
1 jaune d'œuf battu
Feuille de sauge frite
Dés de saucisson sec suisse
Gruyère AOP Réserve 18 mois râpé à la Microplane®
Sel, poivre du moulin

Farce

Mélanger dans un bol la salsiz, le mascarpone, le yaourt grec, la sauge hachée, ajouter le Gruyère Réserve AOP râpé, assaisonner de sel, de poivre et de muscade, bien mélanger le tout.

Beurre blanc à la sauge

Rassembler dans une casserole les échalotes, le vinaigre de vin blanc, le vin blanc, le bouillon de légumes et quelques feuilles de sauge et faire réduire de moitié. Passer au chinois, monter au beurre et terminer par la crème. À l'envoi, assaisonner, rectifier l'acidité avec un peu de jus de citron jaune et ajouter la sauge ciselée au dernier moment dans l'assiette.

Pâte à ravioles

Préparer la pâte en mélangeant tous les ingrédients à la main. Faire une boule, réaliser des pâtons d'environ 100 g, les filmer, les mettre sous vide et laisser reposer pendant 2 heures minimum.

Abaisser la pâte au laminoir. Faire plusieurs passages dans le laminoir pour obtenir un long ruban de pâte très fine. Tailler la pâte à l'emporte-pièce de 7 cm de diamètre. Fariner avec la semoule une plaque inox, poser les cercles dessus et filmer la plaque.

Raviole

Enduire la surface du jaune d'œuf battu, partager la farce au centre, refermer avec un autre rond de pâte et garder au frais. Cuire dans un bouillon de légumes et rouler dans un peu de beurre blanc détendu avec l'eau de cuisson, poivrer.

Dressage

Poser les ravioles dans une assiette creuse, déposer un peu de saucisson sec tout autour, napper avec le beurre blanc, disposer un peu de sauge ciselée, râper du Gruyère AOP à la Microplane® et terminer par la feuille de sauge frite.

Royale de Gruyère AOP Réserve au chou vert, arrosée de bouillon de chou, truffe melanosporum

Une recette de Julien Roucheteau,
***Le Restaurant des Rois** à Beaulieu-sur-Mer**

Pour 8 personnes

½ chou vert
40 g de truffe
½ oignon
½ carotte
½ vert de poireau
2 g d'ail
1 brindille de thym

Royale de Gruyère AOP Réserve

20 cl de crème liquide
10 cl de lait entier
200 g de Gruyère AOP Réserve
8 g de poivre blanc
175 g de blanc d'œuf

Blanchir les feuilles vertes du chou et les égoutter dans un torchon sec pour enlever l'excédent d'eau.

Faire un bouillon avec les parures de chou, la garniture taillée en grosse mirepoix et cuire le tout pendant au moins 4 à 5 heures à couvert.

Filtrer, mettre à infuser les croûtes de Gruyère AOP Réserve, faire réduire doucement et rectifier l'assaisonnement.

Royale de Gruyère AOP Réserve

Chauffer les liquides, assaisonner, les verser sur le Gruyère AOP Réserve dans le bol d'un Thermomix. Mixer vitesse 4 à 80 °C pendant 10 minutes. Passer au chinois, faire refroidir et incorporer les blancs d'œufs.

Coller en tube plastique avec à l'intérieur un film rhodoïd de pâtissier pour constituer des cylindres et faciliter la découpe. Cuire pendant 25 minutes à 85 °C. Laisser refroidir.

Rouler dans les feuilles de chou écrasées, serrer au film, congeler légèrement pour faciliter la découpe.

Dressage

Réchauffer en assiette creuse à 70 °C pendant 3 minutes.

Passer les tranches de truffe huilées quelques minutes sous la salamandre.

Détailler de fins copeaux de Gruyère AOP Réserve. Ajouter quelques gouttes d'huile d'olive au fond de l'assiette.

Les rebibes de Gruyère d'Alpage AOP, cumin des prés et figues vertes

Une recette de Stéphane Décotterd, *Maison Décotterd à Glion-sur-Montreux**

Pour 4 personnes

4 figues fraîches
Huile de noix
Marmelade de figues
50 g de Gruyère d'Alpage AOP
Ciboulette
Feuilles d'égopode (à défaut, des pousses de petites salades)

Graines de cumin des prés
Marmelade de figues
30 g d'huile d'olive
500 g de figues fraîches en petits dés
2 g de sel de cumin (recette de base)

Crème anglaise au Gruyère d'Alpage AOP et cumin des prés
5 cl de vin blanc sec (chasselas)
5 cl de bouillon de légumes (recette de base)
5 g de graines de cumin des prés (en herboristerie)
3 jaunes d'œufs
50 g de Gruyère d'Alpage AOP râpé
50 g de crème entière

Gruyère AOP Doux séché au cumin des prés
50 g de Gruyère AOP Doux (5-6 mois d'affinage)
2 g de cumin des prés en poudre (en herboristerie)

Rebibes de gruyère
150 g de Gruyère d'Alpage AOP

Marmelade de figues

Réunir tous les ingrédients dans une casserole et faire compoter à feu doux. Lorsque la marmelade a une consistance un peu épaisse, mais encore onctueuse, débarrasser et laisser refroidir.

Crème anglaise au Gruyère d'Alpage AOP et cumin des prés

Réunir dans une casserole le vin blanc, le bouillon et les graines de cumin. Porter à ébullition, puis retirer du feu. Couvrir et laisser infuser 15 minutes.
Mixer avec les jaunes d'œufs, le Gruyère d'Alpage AOP râpé et la crème. Remettre le tout dans la casserole et porter à ébullition en remuant constamment à l'aide d'un fouet. Lorsque le mélange épaissit, débarrasser dans un récipient froid et rectifier l'assaisonnement. Mixer à nouveau afin d'avoir une texture bien lisse et filtrer.

Gruyère AOP Doux séché au cumin des prés

Râper Le Gruyère AOP Doux (à l'aide d'une râpe Microplane®) au-dessus d'une feuille de papier sulfurisé. Étaler délicatement les filaments de fromage et mettre à sécher au four ou dans un déshydrateur à 50 °C.
Lorsque le fromage est bien sec, ajouter la poudre de cumin des prés et conserver dans une boîte hermétique.

Rebibes de gruyère

À l'aide d'un rabot ou d'une mandoline, tailler de fins copeaux de Gruyère d'Alpage AOP. Former des rouleaux et réserver au frais.

Finitions et dressage du plat

Tailler les figues en petits quartiers et les assaisonner d'un filet d'huile de noix.
Déposer au centre de l'assiette une cuillère de marmelade de figues. Utiliser une râpe fine afin de râper un peu de Gruyère d'Alpage AOP sur la marmelade.
Dresser harmonieusement 6 rouleaux de Gruyère d'Alpage AOP et 4 petits quartiers de figues.
Terminer avec les feuilles d'égopode et quelques points de crème anglaise au Gruyère.
Saupoudrer de Gruyère d'Alpage AOP Doux séché, puis ajouter quelques graines fraîches de cumin des prés.

Note :

L'égopode est une plante sauvage de la même famille que le céleri ou la carotte, qui dégage une agréable odeur d'agrume. J'aime utiliser ses jeunes feuilles pour parfumer salades et pestos.

Raclette du Valais AOP

Le feu sous la croûte

← Ne pas confondre LA raclette et LE Raclette du Valais AOP et, contrairement à la poule et l'œuf, on sait que le masculin a précédé le féminin.

Raclette du Valais AOP

Canton

Exclusivement dans le canton du Valais.

Communes

Plus de 100 fromageries villageoises ou d'alpage.

Altitude

Fabriqué aussi bien en plaine qu'en alpage, jusqu'à 2000 mètres d'altitude pour certaines productions estivales.

Lait

Lait de vache cru.

Pâte

Fromage gras à pâte mi-dure.

Meule

De 4,8 à 5,2 kg. Diamètre : 29 à 31 cm.

Production

Dans une laiterie ou sur un alpage. La traite la plus ancienne ne doit pas être stockée plus de 24 heures entre la traite et la mise en caille. Les principales étapes : le décaillage, le délactosage (facultatif pour les fromageries d'alpage), le brassage, le chauffage (à une température entre 36 °C et 45 °C) et le brassage final.

Le Raclette du Valais AOP n'est pas un simple fromage… à raclette, c'est une œuvre de montagne, de lait cru, d'arômes fumés, de gestes patients, une expression du Valais dans ce qu'il a de plus constant et de plus vivant. Il incarne une façon d'habiter la lenteur et la chaleur.
Le mot « raclette », employé pour la première fois en 1874, ne décrit pas seulement un plat devenu populaire dans les années 1980. À l'origine, il renvoie précisément à ce fromage-là, né et élevé dans le canton du Valais. Une pâte mi-dure qui fond sans se répandre, dore sans griller, nappe sans fuir, s'étire en couches épaisses et onctueuses. Une texture inimitable.

Fabriqué exclusivement à partir de lait cru, le Raclette du Valais AOP bénéficie depuis 2007 d'une AOP encadrant strictement chaque étape : de l'alimentation des vaches à l'affinage des meules, tout se déroule dans l'aire géographique définie. On peut dire que la raclette est suisse, mais seul le Raclette du Valais AOP est véritablement d'ici.

Tout commence, comme toujours, par le lait, cru, entier, non standardisé, livré chaque matin à la fromagerie par des producteurs qui connaissent leurs vaches par leur prénom. Les troupeaux paissent en altitude, dans des prairies alpines riches de fenouil, serpolet, achillée, thym, une diversité botanique qui enrichit le lait. Chaque brin d'herbe y imprime un soupçon d'amertume ou de douceur, une touche de noisette ou une rugosité florale. Et le fromage, plus tard, ne fait que traduire cela.

C'est peut-être Eddy Baillifard, jovial Païfaso (habitant de Bruson), éleveur, fromager, restaurateur et ambassadeur du Raclette du Valais AOP, qui en parle le mieux : « Le Raclette du Valais AOP a du caractère parce qu'il vient de là-haut. C'est le lait, les herbes, l'air qui donnent une pâte qui fond sans couler, un goût franc, boisé, et cette odeur qui vous ramène dans la cave. Ce n'est pas un fromage neutre, c'est un fromage qui parle. »

Ce fromage à croûte lavée est reconnaissable entre mille à son odeur typique, entre cave humide et étable chaude. Une meule de Raclette du Valais AOP pèse entre 4,8 et 5,2 kg et vieillit au moins trois mois sur des planches d'épicéa, retournée, frottée, surveillée. L'affinage devient alors une conversation muette mais attentive, aboutissement d'un long processus, d'une respectueuse chaîne de valeur.

Le Raclette du Valais AOP, ce sont aujourd'hui 9 caves d'affinage, 33 fromageries, 260 producteurs de lait. En 2023, plus de 2 000 tonnes ont été produites. Toutes les meules sont notées, goûtées, évaluées avec soin lors de la taxation. Seules celles qui obtiennent une note supérieure à 18 sur 20 en apparence, texture, goût et aptitude à la fonte, sont dignes de mériter l'appellation complète. Les autres seront revendues comme simples fromages à fondre (mais pas les moins bons), sans mention d'origine.

Cette exigence a construit sa réputation. Le Raclette du Valais AOP ne s'affiche pas au gré des modes ni des pics de consommation, il suit le cycle du lait, le rythme des saisons, la respiration des montagnes. Au cœur des caves, on devine les mains qui retournent, qui brossent, qui salent. Le frottement du sel sur la croûte est un acte de soin autant que de précision. Chaque jour, quelqu'un est là pour surveiller, la meule est vivante, elle respire, elle réclame une constante vigilance.

Il faut aussi parler du feu, du vrai. Pas celui des appareils électriques modernes, mais celui de la flamme nue, du poêle noirci, du foyer creusé dans la pierre, duquel on approche lentement la demi-meule pour que le fromage commence à suer, puis à se liquéfier, avant d'être raclé d'un geste net, révélant une couche crémeuse et dorée, un filet gras et parfumé. « Quand le Raclette du Valais AOP commence à suer, c'est que le moment est juste, ajoute Eddy Baillifard. Il faut le sentir. Pas trop chaud, pas trop vite. Ce n'est pas une recette, c'est un rythme. »

« Au cœur des caves, on devine les mains qui retournent, qui brossent, qui salent. Le frottement du sel sur la croûte est un acte de soin autant que de précision. »

En Valais, la raclette au Raclette du Valais AOP n'est pas un simple plat, mais un rite. Elle se sert seule, une portion à la fois, accompagnée de pommes de terre en robe des champs, de quelques cornichons et d'un verre de fendant bien frais. Jamais de buffet, jamais de carnaval de charcuteries. Le service est lent, solennel. Le gardien de vaches, tablier noir et regard concentré, veille devant son feu, attentif et taiseux.

Dans cette simplicité épurée, on lit une noblesse, une fidélité, une cohérence. Certains ont douté de la capacité du Raclette du Valais AOP à résister à la standardisation, à la mondialisation, à l'uniformisation des goûts. Mais il a tenu bon, il a même gagné du terrain. Porté par ses producteurs, défendu par une interprofession soudée, relayé par des campagnes locales, foires, marchés, fêtes de l'alpage, il a su trouver un public sans jamais trahir son âme.

En 2024, le Raclette du Valais AOP a célébré 450 ans d'existence et 150 ans de reconnaissance officielle de son nom. Un double anniversaire fêté sans grandiloquence, mais avec la fierté modeste d'un produit qui n'a rien cédé sur l'essentiel. Un fromage rustique dans ses racines, mais précis dans sa fabrication. Un fromage qui fond à 40 °C, mais ne se fond jamais dans la masse.

S'il séduit aujourd'hui bien au-delà de ses frontières, France, Allemagne, États-Unis, c'est justement parce qu'il ne cherche pas à plaire à tout le monde, ne vend pas une promesse mais incarne un territoire. C'est un lieu, un climat, une langue, une manière de vivre. Un concentré de Valais. Alors, quand l'hiver revient, qu'un feu s'allume, qu'une meule s'incline et qu'un couteau racle la pâte, ce n'est pas simplement un fromage qui fond, c'est tout un univers qui se déploie.

Les conseils de François Robin

Le Raclette du Valais AOP, du nom du canton où il est né, est sans doute le « père » de toutes les raclettes qui sont aujourd'hui consommées dès que l'automne pointe le bout du nez. Savoureux et lacté, fondant et addictif, doux mais avec du tempérament, le Raclette du Valais AOP est bien évidemment considéré comme un fromage premium qui sera inoubliable chauffé au feu de bois avec des notes grillées. On peut aussi l'apprécier pour gratiner des légumes racines ou légèrement fondu en *open sandwich*.

→ « Parti de blanc et de rouge à treize étoiles, cinq en pal sur le trait du parti, accostées de quatre en pal à dextre et quatre à senestre, le tout de l'un en l'autre », le blason du canton du Valais s'affiche jusque sur les cloches des vaches.

P. MORIER
3

← Dans un champ à Martigny, un cowboy suisse et son troupeau de vaches d'Hérens, race originaire du canton du Valais.

→→ Le Raclette du Valais AOP est affiné au moins 2 mois pour être vendu à la coupe, au moins 3 mois pour être consommé en raclette.

↑ Sculpture en bois représentant un « combat de reines » entre vaches d'Hérens, tradition toujours vivante, notamment lors de la Foire du Valais à Martigny.

→ Grimentz, l'un des plus beaux villages de Suisse, situé à 1 564 m d'altitude au cœur des Alpes valaisannes, berceau du Raclette du Valais AOP.

Asperges vertes, jaune d'œuf coulant, émulsion de Raclette du Valais AOP

Une recette de Frédéric Doucet, *Maison Doucet à Charolles**

Pour 4 personnes

48 asperges vertes
1 l de fond blanc
150 g de beurre
Sel, poivre
4 œufs
4 tranches fines de pain de mie

Émulsion de Raclette
600 g de crème liquide
300 g de Raclette du Valais AOP
6 g d'agar-agar
Sel, poivre
Noix de muscade

Éplucher les asperges, les laver et les cuire à l'anglaise pendant 5 minutes.

Les égoutter.

Les tailler à la même hauteur et les faire réchauffer dans un beurre monté.

Clarifier les œufs, ne garder que le jaune.

Préchauffer le four à 175 °C. Détailler des disques de 5 cm de diamètre dans les tranches de pain de mie, à l'aide d'un emporte-pièce. Les poser sur une plaque garnie d'un papier cuisson, les recouvrir d'un autre papier cuisson puis d'une autre plaque. Cuire au four pendant environ 8 minutes pour les colorer légèrement.

L'émulsion de Raclette

Faire bouillir la crème avec le Raclette du Valais AOP en morceaux et l'agar-agar. Assaisonner de sel et de poivre et râper un peu de noix de muscade.

Mixer, passer au chinois fin, verser en siphon, gazer deux fois, garder au chaud au bain-marie.

Dressage

Dans le fond d'une assiette creuse, verser l'émulsion de Raclette du Valais AOP, disposer les asperges en étoile, laisser un espace au centre et y déposer le jaune d'œuf coulant.

Déposer un disque de pain de mie séché sur l'œuf et donner un tour de moulin à poivre.

sbrinz
SWITZERLAND
Harde kaas, met rauwe melk, min. 45% vet in droge stof
Hartkäse aus Schweizer Rohmilch, mindestens 45% Fett i. Tr.

Sbrinz AOP

Le granit helvétique

← Si la croûte du Sbrinz AOP était un miroir, s'y refléterait sans doute le paysage âpre et montagnard des cinq cantons de la Suisse centrale.

Sbrinz AOP

Canton

Suisse centrale, dans les cantons de Lucerne, Schwyz, Obwald et Nidwald et Zoug.

Communes

25 fromageries de plaine et d'alpage triées sur le volet, le fabriquent tous les jours à base de lait cru, de présure et de sel.

Altitude

Production en plaine et jusqu'en zones préalpines.
Maximum 30 km séparent les exploitations laitières et les fromageries.

Lait

Lait cru provenant de vaches nourries sans ensilage.

Pâte

Pâte extra-dure.

Meule

Poids : 35 à 48 kg par meule. Diamètre : 50 à 62 cm.

Production

Traitement du lait, caillage du lait, découpage du caillé, décaillage, moulage et pressage, bain de sel, maturation et affinage.
Affinage très long : minimum 16 mois et jusqu'à 36 mois pour les meules les plus affinées. Ce long affinage développe la texture friable et les arômes intenses.

Il y a des fromages qui coulent, qui fondent, qui se caressent. Et il y a le Sbrinz AOP. Un bloc, une pierre, un roc, un fromage taiseux, sec, dur comme la vérité, mais qui s'effrite avec grâce et fond sur la langue comme un aveu. Le Sbrinz AOP ne s'étale pas (dans tous les sens du terme), ne se pavane pas, ne cherche pas à séduire. Il prend son temps, dix-huit mois au minimum, parfois trois ans, et plus si affinités d'affinage. C'est un fromage de patience, de silence, un fromage d'altitude et d'attitude.

Le voyage commence en Suisse centrale : Nidwald, Obwald, Lucerne, le canton d'Argovie et une partie de Zoug. Des noms que l'on croise moins que Gruyère ou Emmentaler, mais qui racontent une autre Suisse, plus rude, plus montagnarde, plus âpre aussi. Ici, les vaches broutent l'été dans des pâturages aux herbes épaisses, puis rentrent l'hiver à l'étable. On les nourrit exclusivement d'herbe et de foin, pas d'ensilage. Le lait est cru, livré deux fois par jour, encore chaud, un lait riche, gras, parfumé, qui donne naissance à un fromage hors norme.

Le Sbrinz AOP est une pâte dure, que disons-nous, extra-dure. On ne le coupe pas, on le casse, on en fait des copeaux, des brisures, des morceaux. Il est dense, intense, salé, riche, rond. Il raconte les hivers suisses, les caves profondes, les gestes sûrs, il a quelque chose de minéral, de rustique, d'inébranlable. Et pourtant, il fond lentement, caresse, tapisse.

Dans les fromageries de la vallée de l'Engelberg ou du Surselva, le lait arrive tôt. On le chauffe, on l'emprésure, on le brasse, on découpe le caillé très finement. La cuisson monte jusqu'à 57 °C puis on moule, on presse, on sale. La croûte se forme, sèche, durcit, et le fromage entre en cave. Là, commence la longue attente. Dix-huit mois pour obtenir l'AOP mais les meilleurs restent bien plus longtemps, certains jusqu'à quatre ans. La pâte devient friable, le goût s'intensifie, la couleur s'assombrit.

Il y a trois façons de manger du Sbrinz AOP : en copeaux – les fameux « Möckli » – à l'apéritif ; en morceaux, à la main, comme un fruit sec ; ou râpé, dans les plats chauds, comme un parmesan. Car oui, on le compare souvent à son cousin italien. Mais le Sbrinz AOP est plus ancien, plus sobre, plus droit. Il n'est pas fait pour flatter. Il est fait pour durer.

Le nom « sbrinz » vient, selon certaines hypothèses, de Brienz, un village de l'Oberland bernois d'où partaient les convois de mules vers l'Italie du Nord, via le col du Grimsel, puis le col du Simplon. Les meules descendaient vers le Piémont, transportées à dos de mulet, on les échangeait contre du riz, du vin, des épices. C'était un fromage de commerce, mais aussi un fromage de lien. Aujourd'hui encore, une fête célèbre fin août la Route du Sbrinz AOP, avec ses muletiers en habits d'époque. On les voit partir à l'aube de Sarnen, longer les lacs, franchir les cols, guidant leurs bêtes chargées de meules. C'est un voyage à l'ancienne, à pied, sur trois jours, jusqu'à Domodossola, en Italie, une procession de lenteur et d'effort. En chemin, les haltes résonnent du son du cor des Alpes, d'histoires contées et de verres levés. On ne vend pas du fromage, on raconte une épopée. Chaque année, la fête attire les curieux, les passionnés, les gourmands : tous ceux que le Sbrinz AOP touche au cœur autant qu'au palais.

Le Sbrinz AOP, ce sont aujourd'hui une trentaine de fromageries et une dizaine d'affineurs. Une petite filière, solide, fière, concentrée. On y travaille en cercle vertueux. Pas de grandes coopératives, pas d'usines, chaque meule est numérotée, suivie, retournée, soignée. On vérifie la texture, la densité, les cristaux, on tapote, on hume, on observe. Les affineurs ont l'œil, l'oreille, le doigté. Pour le Sbrinz AOP, le diable est dans les détails.

Le fromage est protégé depuis 2002 par une AOP. Cela signifie qu'il doit être produit, transformé et affiné dans la zone d'origine, selon un cahier des charges rigoureux. Le lait ne peut être utilisé que cru, sans additif ni conservateur. Les meules pèsent entre 30 et 45 kilos. Elles sont toutes estampillées, on peut les suivre à la trace.

« C'est un voyage à l'ancienne, à pied, sur trois jours, jusqu'à Domodossola, en Italie, une procession de lenteur et d'effort. En chemin, les haltes résonnent du son du cor des Alpes, d'histoires contées et de verres levés. »

← Point de vue dans le massif du Saint-Gothard, à cheval (lui aussi) sur quatre cantons suisses, le Valais, le Tessin, Uri et les Grisons.

Et pourtant, rien n'est figé. Le Sbrinz AOP sait se réinventer. Il entre aujourd'hui dans les assiettes de chefs, dans des plats légers, des associations audacieuses. Il aime les fruits secs, les figues, le chocolat noir. Il répond bien aux bulles, aux vins blancs secs, à la bière artisanale.

On l'a déjà aperçu mis en scène sur un plateau de fromages suisses avec du chutney de poire, un trait de miel, des éclats de noisette. Parfois rude mais toujours courtois, tel l'homme de la pampa, le granit sait se faire gourmand, le rustique affiné tutoie le raffiné. Mais toujours avec la même droiture.

Sur le terrain, ce qui fascine, c'est la fierté des producteurs. Ils parlent peu mais bien, montrent leurs caves, leurs moules en inox, leurs cuves à feu direct. Ils sourient en voyant les copeaux tomber. Ils savent ce qu'ils font, pourquoi ils le font. Parce qu'ici, on ne fabrique pas du fromage, on perpétue une mémoire, on offre une densité.

Le Sbrinz AOP n'est pas le compagnon de tous les jours, on le réserve pour des instants précis, précieux. Un retour d'alpage, une montée en refuge, une fin de repas à l'ombre d'un érable. C'est un fromage que l'on partage avec un ami, un verre à la main (ou pas). Ce n'est pas parce qu'il est dur qu'il est fermé, c'est parce qu'il est entier qu'il nous touche. Le Sbrinz AOP, c'est la Suisse qui ne s'explique pas. Elle se goûte, lentement, en morceaux.

Les conseils de François Robin

Le Sbrinz AOP est un fromage affiné pendant au moins 16 mois et qui peut être dégusté sous plusieurs formes. En éclats ou morceaux grossiers pour apprécier sa pâte friable dite « extra-dure » aux arômes complexes, de fermentation noble. En « rebibes », sortes de fines lamelles qu'on pose sur la langue pour mettre en lumière les notes plus herbacées. Et enfin râpé finement dans des plats cuisinés où il agira comme un condiment, une touche finale aromatique plus en accord avec ses notes de cuisson.

→ Pâte extra-dure affinée près d'un an et demi, on perce difficilement les secrets du Sbrinz AOP, sauf avec une bonne sonde.

3
sbrinz
CH
4658

← Randonnée à dos de mule au cœur du massif du Saint-Gothard, l'histoire ne dit pas s'il y a du fromage dans les bagages.

↑ Eh bien si (voir légende précédente), il y a bien du Sbrinz AOP dans les tonneaux vaillamment transportés par les animaux de somme.

← Dès le XVIIe siècle, les armaillis (bergers) transportent les meules de Sbrinz via les cols alpins vers l'Italie pour les échanger contre des épices, du vin, des châtaignes et du riz.

→→ Avant l'AOP, le Sbrinz (de l'italien « lo sbrinzo ») qui arrivait à Brienz en descendant de la montagne, est devenu un produit d'exportation vers le nord de l'Italie, ce qui a permis la création d'une route commerciale d'importance via un sentier muletier passant par les cols de Grimsel et Gries.

Les treuffes[1] du Morvan à la truffe noire et au Sbrinz AOP, crapiaux modernes

Une recette de Louis-Philippe Vigilant, *La Côte d'Or* à Saulieu**

Pour 8 personnes

Crapiaux[2]
500 g de pommes de terre
60 g de farine
2 œufs
60 g de fromage frais de l'Abbaye de la Pierre qui Vire
1 échalote finement ciselée
10 g de ciboulette ciselée
15 g de truffe noire de Marmagne hachée
60 g de Sbrinz AOP
60 g de beurre clarifié pour la cuisson
Quantité souhaitée de fleur de sel et de poivre du moulin

Coulis de truffe noire
200 g de parures de truffe
50 cl de fond blanc
30 cl de jus de truffe
5 cl de porto rouge
5 g de beurre
1 cl d'huile de truffe
Quantité souhaitée de fleur de sel et de poivre du moulin

Crème glacée au Sbrinz AOP
25 cl de lait entier
25 cl de crème liquide à 30 % de MG
6 jaunes d'œufs
75 g de sucre
2 g de stabilisateur
150 g de Sbrinz AOP affiné et râpé

Émulsion Sbrinz AOP
100 g de Sbrinz AOP affiné
25 cl de lait entier
12,5 cl de crème liquide
3,5 g de Sucro (émulsifiant)
Sel, poivre

1. Les pommes de terre en patois local.

2. Les crapiaux sont une version bourguignonne de petites crêpes dans lesquelles on ajoutait des treuffes (pommes de terre).

Les crapiaux

Cuire les pommes de terre en robe des champs, vérifier la cuisson à l'aide d'un couteau.

Éplucher puis écraser à la fourchette la pulpe des pommes de terre, ajouter le fromage frais, les œufs battus, les échalotes ainsi que la truffe hachée, le Sbrinz AOP râpé et la ciboulette ciselée. Mélanger tous les ingrédients, rectifier l'assaisonnement.

Façonner les crapiaux et les poêler dans le beurre clarifié.

Le coulis de truffe noire

Faire suer les parures de truffe dans le beurre et l'huile de truffe pendant 2 minutes, déglacer au porto puis réduire. Mouiller avec le fond blanc et le jus de truffe puis cuire pendant 15 minutes.

Mixer le tout afin d'obtenir un coulis lisse et onctueux. Réserver en pipette.

Crème glacée au Sbrinz AOP

Verser le lait et la crème dans une casserole et porter à ébullition. Râper le Sbrinz AOP dans le mélange, laisser infuser pendant 1 heure.

Blanchir les 6 jaunes d'œufs et le sucre.

Verser le mélange sur les œufs hors du feu, remuer et remettre le mélange dans la casserole à feu doux.

Ajouter le stabilisateur et mélanger avec une maryse jusqu'à ce que la préparation soit nappante. Monter le mélange à une température de 85 °C en remuant régulièrement.

Passer l'appareil dans un chinois, débarrasser dans un bol de Paco.

Laisser maturer au réfrigérateur pendant 4 heures minimum puis faire prendre en cellule de congélation. Pacosser, c'est-à-dire transformer la préparation congelée pour obtenir une consistance lisse et homogène, juste avant de servir.

Émulsion Sbrinz AOP

Chauffer le lait avec la crème liquide. Incorporer le Sbrinz AOP râpé, mélanger. Filtrer puis ajouter le Sucro. Au moment de servir, émulsionner le tout.

Finition

Disposer les crapiaux recouverts de lamelles de truffe sur le dessus de l'assiette. Finir votre dressage avec l'émulsion au Sbrinz AOP.

Servir de préférence dans un bol à part la crème glacée au Sbrinz AOP et le coulis de truffe.

Tête de Moine AOP

La mémoire raclée du Jura suisse

← Inventée en 1982 par Nicolas Crevoisier, mécanicien de précision de Lajoux, dans le canton du Jura, la Girolle® a bouleversé l'histoire de la Tête de Moine AOP.

Tête de Moine AOP

Canton et communes

Le Jura suisse – districts des Franches-Montagnes, de Porrentruy, de la commune de Saulcy ainsi que de l'arrondissement du Jura bernois à l'exception des communes de Nods, Diesse, Lamboing, Prêles et de La Neuveville.

Lait

Lait cru de montagne, produit dans 240 exploitations laitières.

Pâte

Pâte mi-dure, à déguster en rosettes très fines, à l'aide d'une Girolle®.

Meule

Poids : environ 700 g à 900 g. Diamètre : 10 à 15 cm.

Production

Le lait est emprésuré puis chauffé dans des cuves en cuivre jusqu'à environ 50 °C. Après brassage et moulage, les fromages sont pressés, plongés en saumure et frottés régulièrement avec de l'eau salée durant l'affinage.

Affinage

Minimum 2,5 mois sur des planches d'épicéa en cave humide (température de 13 à 14 °C).

Un disque doré, une rosette de fromage. En un seul geste, la Girolle® révèle toute l'expression d'un terroir. La Tête de Moine AOP n'est pas un fromage comme les autres, on ne la coupe pas, on la racle. Ce geste, presque liturgique, rappelle l'origine monastique d'un fromage de montagne né il y a plus de 800 ans, entre les murs de l'abbaye de Bellelay.

Posée au creux d'un vallon, l'abbatiale impose son calme et ses façades à frontons baroques. Les pierres y sont blondes, les voûtes fraîches, et l'air saturé de silence. Autrefois centre spirituel et agricole, elle est aujourd'hui un lieu dédié aux arts visuels et à la musique. À l'extérieur, les jardins s'étendent sous les frênes et les tilleuls. Tout autour, le paysage raconte l'origine : les prés, les forêts, les bêtes.

Dans ce coin vallonné du Jura bernois, les vaches ont pour décor des forêts d'épicéas, des toits pentus, des prairies à perte de vue. Le climat y est rude l'hiver, verdoyant l'été. C'est ici que résonnent encore l'écho des moines et le parfum salin de la croûte frottée. L'altitude, la géologie, le vent, tout participe à l'identité de ce fromage racé, produit entre 700 et 1 100 mètres d'altitude.

La fabrication de la Tête de Moine AOP est un art autant qu'un artisanat. Dans les fromageries comme celle de la Suze à Corgémont, Alain Fazan veille au grain (de caillé). Le lait, collecté deux fois par jour dans des fermes locales, est refroidi le soir, transformé le matin. Le cuivre chauffe, le caillé se forme, les gestes sont répétés, jamais automatisés. Il faut dix litres de lait pour confectionner une meule de 800 à 900 grammes. C'est peu, mais c'est dense, le cœur est serré, homogène, gras sans mollesse.

TÊTE DE MOINE
05.09.19
192056

L'affinage commence dans le sel et se poursuit dans des caves à l'hygrométrie parfaite, où la croûte se colore, où la morge se développe. Le fromage se couvre d'orange, se teinte de brun, la fermentation de surface s'ajoute à celle du cœur. Chaque pièce devient unique et chaque fromager, un soignant. Le frottage, régulier, donne le ton. C'est là que tout se joue : l'équilibre, la saveur, la garde.

Classique, Réserve, Extra, Bio, Fermier… la Tête de Moine AOP se décline en affinages caractéristiques. On la déguste jeune ou bien formée, énergique ou presque sauvage. Le lait, lui, reste cru, local, transformé dans les 24 heures. Tout est contrôlé et, pourtant, rien n'est figé. Chaque meule a son tempérament.

Martin Siegenthaler, directeur de l'interprofession, assure la cohésion de l'ensemble de la filière, sept fromageries, deux affineurs, 245 producteurs de lait. L'organisation est récente, la volonté ancienne : protéger un savoir-faire, un nom, un usage. La Girolle®, déposée en 1982 par son inventeur, Nicolas Crevoisier, mécanicien de précision basé à Lajoux, a tout changé. Elle a fait d'un cylindre discret une star de l'apéritif. Le fromage, tout à coup, s'est mis à fleurir, et les ventes ont suivi.

Mais, derrière le succès, il y a des enjeux. Techniques d'abord. Comment rester artisan tout en produisant à grande échelle ? Comment concilier passé et avenir ? La question des robots de traite divise encore. Certains y voient une aide, d'autres sont plus réticents, comme du côté du Gruyère AOP. L'important reste la qualité du lait, le respect du cahier des charges, la traçabilité.

L'enjeu économique est tout aussi prégnant car le marché est cyclique. L'hiver, la Tête de Moine AOP explose à l'occasion de rendez-vous attendus, Pâques, Noël, la saison des raclettes et la beauté des rosettes en offrandes. L'été, la production se calme, il faut anticiper, stocker, affiner, exporter. L'Allemagne, la France, les États-Unis sont les plus gros clients. Les volumes augmentent, les conditionnements se diversifient : meules entières ou demi-meules, rosettes préemballées, coffrets, formats cadeaux. L'image évolue, le produit reste.

La transmission est un autre défi. Comment expliquer, montrer, faire aimer ce fromage qui ne se mange pas comme les autres ? Les visiteurs de la Maison de la Tête de Moine AOP découvrent l'histoire, les gestes, les visages. Ils tournent la Girolle®, goûtent la rosette, repartent avec une image, une sensation. L'émotion passe par la main, par la bouche, par l'esprit.

← Petite par la taille (10-15 cm de diamètre, 0,7 à 2 kg), la Tête de Moine AOP est grande par son goût subtil et fleuri aux notes de noisette.

→→ Bâtie au XIIe siècle, l'abbatiale de Bellelay, qui a vu naître la Tête de Moine AOP, est aujourd'hui un lieu dédié aux arts visuels et à la musique.

Il faut aussi penser à l'avenir. Que restera-t-il si les jeunes ne reprennent pas ? Si les consommateurs se contentent d'imitations fades ? Alors, la filière s'organise : visites pédagogiques, valorisation des métiers, actions collectives pour défendre l'appellation. La Maison de la Tête de Moine AOP n'est pas un musée figé, c'est un outil vivant de transmission, un point d'ancrage pour les habitants et un lieu de découverte pour les curieux.

Et puis il y a la nature. Une AOP, c'est un sol, un climat, une altitude, des vaches qui pâturent, des herbes qui nourrissent. L'élevage est extensif, la production encadrée. Dans un monde qui industrialise, la Tête de Moine AOP continue d'exiger le vivant. C'est une lutte discrète, mais constante, chaque meule produite est un acte de résistance.

Enfin, il y a le geste, ce coup de main qui transforme une meule en rosette, ce grattage qui libère les arômes, qui allège la texture, ce rituel simple qui sublime un fromage fort. Parce que, oui, la Tête de Moine a du caractère, saline, parfois animale, jamais consensuelle. Elle se marie pourtant, avec un piment d'Espelette, un vin suisse effervescent, un pain noir, sans jamais se livrer tout à fait.

À Corgémont, dans les caves fraîches de la fromagerie de la Suze, les meules vieillissent lentement. Alain Fazan les observe comme on écoute le temps passer. Il sait ce que chacune a traversé, le lait dont elle est née, les soins qu'elle a reçus. Et c'est peut-être cela, son secret. Une tête bien faite, qui se présente en fleur, un fromage de moines, de forêts, de saisons, discret mais puissant. La Tête de Moine AOP, c'est tout cela à la fois. Une mémoire raclée, une identité réinventée, une histoire à fleur de rosette.

Les conseils de François Robin

La Tête de Moine AOP est devenue une star fromagère depuis qu'un outil, la Girolle®, a permis de simplifier le geste de la coupe traditionnelle qui était faite au couteau auparavant. Les rosettes ainsi obtenues, spectaculaires et florales, ont une texture légère, aérienne, équilibrant les notes charpentées d'un fromage au caractère affirmé. Rien n'empêche d'insérer une touche de confit de fruits noirs au cœur de la rosette pour amener un rien de sucre et de gourmandise au moment de l'apéritif, par exemple.

→ Dans la Maison de la Tête de Moine, à Bellelay, on peut assister à sa fabrication dans une fromagerie traditionnelle reconstituée.

← La Tête de Moine AOP, c'est aussi une esthétique, celle des pavés découpés dans le lait caillé, première étape de formation de sa forme originale.

↑ Les blocs de lait caillé sont déposés dans des moules cylindriques où ils vont s'égoutter, libérer leur petit lait, et devenir fromage.

↑ Le fromage du jour est pressé et conservé au chaud dans les moules en forme de petits tonneaux jusqu'au lendemain matin

→ Par rangées de deux, sur des planches en épicéa, les Tête de Moine AOP séjournent en cave d'affinage entre 75 jours et 6 mois.

← Dans la fromagerie familiale Sterchi, à la Chaux-de-Fonds, fondée en 1928, on maîtrise le brossage des fromages à la saumure pour former la morge.

↑ Dans la fromagerie Amstutz, à Fornet-Dessous, on produit entre 1 000 et 2 500 fromages par jour avec le lait de 38 producteurs de lait des environs.

→→ À Bellelay, sur un plateau dégagé, où que l'œil se pose, il découvre un champ et des vaches qui paissent dans une lumière apaisante.

Salade homard breton, Tête de Moine AOP

Une recette de Frédéric Doucet,
***Maison Doucet** *** **à Charolles**

Pour 8 personnes

4 homards bretons de 500 g chacun
80 cl de gelée de tomate
4 tomates
100 g de basilic bien vert
160 g de Tête de Moine AOP
4 cl d'huile d'olive
2 cl de vinaigre balsamique blanc
1 citron jaune
Fleurs comestibles
Fleur de sel, poivre du moulin

Détacher les pinces du homard.

Cuire les homards à 85 °C à la vapeur pendant 5 minutes. Récupérer les corps puis prolonger la cuisson des pinces pendant 7 minutes.

Décortiquer et couper les corps et les pinces en médaillons.

Laver les tomates, enlever le pédoncule et les couper en rondelles.

Détailler à l'emporte-pièce de 4 cm les feuilles de basilic.

Faire chauffer la gelée de tomate.

Former des rosettes de Tête de Moine AOP.

Sur des assiettes, intercaler les rondelles de homard, les feuilles de basilic, les tomates et les rosettes de Tête de Moine AOP. Couler dessus la gelée de tomate. Laisser prendre au frais.

Terminer avec quelques gouttes d'huile d'olive et de vinaigre balsamique. Râper le zeste du citron jaune, déposer les fleurs, donner un tour de moulin à poivre et saupoudrer de fleur de sel.

Servir très frais.

Panna cotta Tête de Moine AOP et figues

Une recette de Marie Robert,
***Le Café suisse* à Bex**

Pour 4 personnes

1,5 feuille de gélatine
25 cl de crème à 35 % de MG
100 g de Tête de Moine AOP
150 g de jus de figues
5 g de sel
2 g de poivre
Fleurs comestibles et herbes

Mettre à tremper la gélatine dans de l'eau froide.

Faire chauffer la crème et ajouter la Tête de Moine AOP jusqu'à ébullition.

Assaisonner et incorporer la gélatine préalablement essorée.

Mouler la préparation dans des moules en silicone ou dans des verrines. Réserver au frais pendant 2 heures.

Couler le jus de figues sur la panna cotta prise. Pour plus de surprise, disposer dessus un pédoncule de tomate cerise qui fera ressembler la figue à une tomate.

Dresser et ajouter des fleurs comestibles et des herbes pour le décor.

AGERIE
ES ARTISANALES
ETTE

Tomme Vaudoise
La tendresse du terroir

← Arnaud Guichard a succédé à Michel et Hélène Beroud à la tête de la Fromagerie Fleurette, pour perpétuer la fabrication de la Tomme Fleurette.

Tomme Vaudoise

Canton

Dans les cantons de Vaud et de Genève.
Produit dans le canton de Vaud, en Suisse romande, principalement dans la région du pied du Jura et des Préalpes vaudoises.

Lait

Lait de vache pasteurisé.

Pâte

Pâte molle à croûte fleurie.

Meule

On ne parle pas de « meule » pour une Tomme Vaudoise.
Poids : 100 g.

Production

Toute l'année. Durée de l'affinage : 1 à 2 semaines.

Elle ne se fait pas remarquer, la Tomme Vaudoise. Pas de cloche AOP autour du cou, pas de cérémonie d'estivage, pas de cortège de meules en redescente d'alpage. Pas de grandes envolées lyriques sur les traditions séculaires ou les altitudes héroïques. Et pourtant, sous sa croûte fine, presque timide, mystérieuse comme un murmure, elle cache l'essentiel : le goût du lait, du vrai, celui du matin, quand la traite est encore tiède, celui du pré d'à côté, quand les vaches mâchent tranquillement, contemplant la rivière.

Née au XVIIe siècle dans la vallée de Joux, la Tomme Vaudoise était un fromage domestique, au sens noble du terme, fabriquée dans les chalets d'alpage bordant le lac. On la dégustait « nue », coulante et sans fard. Quand elle a eu des envies de voyage, on l'a vêtue d'un morceau de papier, petit trésor fragile à protéger, enfant qui déploie ses ailes hors du cocon familial. Depuis, elle a poursuivi sa route, souvent ignorée des grands classements mais toujours présente sur les planches de ceux qui savent.

Pas de prétention, donc, juste un savoir-faire, un soin précis, une attention douce et constante. Produite aujourd'hui majoritairement dans quelque 500 fermes des cantons de Vaud et de Genève (ce dernier concentre aujourd'hui la majorité de la production), la Tomme Vaudoise est un fromage à pâte molle, au lait de vache pasteurisé, de forme ronde et modeste. Il faut 0,8 litre de lait pour une tomme d'une centaine de grammes. Sa fabrication suit un rythme à l'image de son goût : rapide mais posé, souple mais rigoureux.

Le lait pasteurisé est versé dans des cuves en inox, puis emprésuré avant d'être coulé en 30 minutes chrono dans de petits moules ronds perforés où elle s'égoutte lentement durant une vingtaine d'heures à une température comprise entre 18 et 30 °C. À peine formée, elle est déjà presque prête à vivre sa courte maturation. Après avoir été salée, elle repose sur des grilles durant les huit premiers jours, retournée à la main tous les deux ou trois jours. Puis vient le temps

du repos en cave, à température et hygrométrie contrôlées, pendant une à trois semaines encore. Au total, un mois voire moins pour passer du lait à la pâte soyeuse, fondante, nacrée.

Sa croûte fleurie présente un léger duvet qui se forme naturellement, sans intervention excessive. Elle n'est ni lavée, ni brossée, juste le reflet de l'environnement où elle respire, elle se nourrit de l'air ambiant. Cette fine couverture blanche protège une pâte moelleuse, parfois presque liquide selon l'affinage, au parfum délicat de crème, de champignon frais ou de noisette. Sa typicité, elle la puise dans la simplicité du geste, dans la fraîcheur du lait, dans l'humidité maîtrisée des caves, dans l'intention du fromager. Elle ne cherche pas à séduire par le flamboiement mais par la pudeur. Chaque Tomme dit quelque chose du jour où elle est née.
On la coupe, elle se tend, résiste un peu, puis cède avec délicatesse. En bouche, elle ne claque pas, elle enveloppe et développe des arômes légèrement lactés, jamais agressifs. Certains la préfèrent nature, d'autres la choisissent parfumée, au cumin, poivre noir, ail des ours, l'imagination est au pouvoir. Elle se diversifie sans jamais en faire trop. On peut d'ailleurs la déguster crue, au four ou à la poêle.

Au cœur de cet univers fromager de la tomme, une maison s'illustre depuis plus de trente ans : la Fromagerie Bory, à Dizy, en plein Pays de Vaud. Là, Michel Bory a su conjuguer la tradition artisanale avec la rigueur technologique. Son atelier moderne transforme chaque année deux millions de litres de lait venus des 350 vaches situées à moins de quatre kilomètres. Circuit court, hygiène irréprochable, régularité de production, son fromage phare est la Tomme de la Venoge, une Tomme Vaudoise dans sa version la plus fidèle. Elle représente 80 % de la production de la fromagerie, avec des déclinaisons fines, audacieuses, mais toujours enracinées. Des tommes fourrées aux saveurs variées, mais qui ne trahissent jamais, là non plus, la pâte originelle.

Un vin blanc léger, fruité, accompagne à merveille ces Tommes Vaudoises. Il suffit de puiser dans la richesse et la diversité des chasselas (on dit aussi fendant) de l'AOC Vaud et de ses différentes régions viticoles, qui peuvent aussi toutes arborer l'AOC, Chablais, Vully, Lavaux. On pourra également se laisser

« On coupe [la tomme], elle se tend, résiste un peu, puis cède avec délicatesse. En bouche, elle ne claque pas, elle enveloppe et développe des arômes légèrement lactés, jamais agressifs. »

← Pâte molle à croûte fleurie, la Tomme Vaudoise, c'est 100 grammes de tendresse dans un cœur moelleux et rebondi.

tenter par d'autres chasselas, par exemple ceux d'un petit vignoble riche en grands crus, Mont-sur-Rolle (appellation de la Côte AOC), qui s'alanguit entre les rives du lac Léman et le pied des monts du Jura, voire un sauvignon blanc de l'AOC Canton de Genève. Des blancs en tout cas ni trop ni trop peu marqués, parfaits pour prolonger les notes crémeuses du fromage.

Contrairement aux vins de Vaud et de Genève, et malgré son attachement au territoire, l'élégance de son format ou le savoir-faire des producteurs, la Tomme Vaudoise ne bénéficie pas d'une AOC. Trop modeste, trop locale, pas assez spectaculaire ? Elle n'en a cure. Elle continue son chemin, entre fromageries artisanales et marchés fermiers, s'invite sur les plateaux de fin de repas, se glisse dans une salade tiède, se poêle comme un dessert salé. Elle s'adapte, mais sans jamais renier son identité.

Car cette Tomme-là, si elle est vaudoise, elle ne l'est pas que par sa carte d'identité. Elle l'est par sa manière d'être : réservée, généreuse, fidèle. Elle ne cherche pas la lumière mais la justesse. Elle ne s'impose pas, elle s'offre dans une discrétion qui devient évidence. Elle n'a pas besoin d'un label pour exister. Elle a des mains qui la façonnent, des hédonistes qui l'attendent, des assiettes qui l'accueillent. La Tomme Vaudoise est un fromage sans tapage, mais qui, une fois goûté, ne s'oublie plus, et qui, comme tous les grands discrets, finit par s'imposer.

Les conseils de François Robin

Au pays des fromages de caractère, il existe un fromage qui a pris le contre-pied de la douceur et de l'aérien. La Tomme Vaudoise, originaire des cantons de Vaud et Genève, fait le pari de sa singularité. Sous une flore d'affinage qui ressemble à un velours blanc se cache un cœur moelleux, rebondi, qui tapisse le palais d'une sensation de crème, comme une caresse. Plutôt conseillée en début de dégustation, quand le palais est encore disponible pour apprécier sa finesse, la Tomme Vaudoise sera aussi un support idéal pour un accord avec framboises ou fraises, dans l'esprit d'un dessert.

→ Avec moins d'un litre de lait, que l'on fait cailler pour former des grains déposés dans un moule, on fabrique une Tomme Vaudoise.

↑ Avant de décider de trancher le lait caillé avec une sorte de mandoline, la main experte du fromager en évalue la résistance.

Champs de sarrasin… crozets frits, bouillon texturé de diots, fondue d'Étivaz AOP, Tomme Vaudoise et Raclette du Valais AOP

Une recette de Maxime Meilleur,
La Bouitte* **à Saint-Martin-de-Belleville**

Pour 6 personnes

Pickles d'oignons blancs

Quantité suffisante (selon votre goût) d'oignons blancs

Quantité suffisante de vinaigre blanc

Jus et gelée de diots fumés

Quantité suffisante de diots fumés

Quantité suffisante d'oignons jaunes

Quantité suffisante de vin blanc sec

1 g d'agar-agar et 0,6 g de Kappa

Pâte à crozets de deux sortes

250 g de farine T55

250 g de farine de sarrasin

2 œufs

150 ml d'eau

15 ml d'huile d'olive

3 g de sel fin

Fromages à fondue

Quantité suffisante de L'Étivaz AOP (sur la base d'1/3)

Quantité suffisante de Raclette du Valais AOP (sur la base d'1/3)

Quantité suffisante de Tomme Vaudoise (sur la base d'1/3)

Oignon confit

Quantité suffisante d'oignon blanc

Quantité suffisante de beurre

Quantité suffisante de vin blanc sec

Cébettes

Quantité suffisante d'oignons cébettes

Finition

Quantité suffisante d'huile neutre à friture

Quantité suffisante de bouillon de diots nature

Quantité suffisante de vin blanc sec

Les pickles d'oignons blancs

Ciseler les oignons. Les placer dans un bocal. Porter le vinaigre à ébullition, puis recouvrir les oignons de vinaigre bouillant. Refermer le bocal et réserver au frais.

Le jus de diots

Couper les oignons en 2 et les griller fortement dans une poêle.

Enlever le boyau des diots. Dans une casserole, mettre les oignons et la chair de diots fumés, recouvrir de vin blanc et laisser cuire jusqu'à évaporation.

Déglacer avec de l'eau à hauteur, puis laisser cuire à feu doux pendant 24 heures.

Passer au chinois, puis verser en bac gastronorme et placer au congélateur.

Le lendemain, placer le « glaçon » de jus dans un linge et laisser décongeler pour le clarifier.

La gelée de diots

Récupérer 150 g de jus, ajouter 1 g d'agar-agar et 0,6 g de Kappa. Porter à ébullition 1 minute, puis verser dans une boîte et laisser prendre au réfrigérateur.

Une fois la gelée prise, l'écraser à la fourchette et réserver au frais en boîte hermétique.

La pâte à crozets de deux sortes

Torréfier une partie de la farine de sarrasin et préparer deux pâtons, l'un avec la farine de sarrasin nature, l'autre avec la farine de sarrasin torréfiée.

Dans un batteur avec crochet, mélanger les ingrédients à petite vitesse jusqu'à ce que la pâte se décolle du bord de la cuve. La recouvrir d'un linge humide et la laisser reposer environ 1 heure.

Passer la pâte bien farinée dans un laminoir pour tagliatelles, position 6 mm, puis détailler les bandes obtenues en petits carrés.

Les fromages à fondue

À l'aide d'une Microplane®, râper L'Étivaz AOP et le Raclette du Valais AOP, et hacher la Tomme Vaudoise. Réserver chaque fromage séparément en boîte hermétique au frais.

L'oignon confit

Ciseler les oignons et les faire suer au beurre jusqu'à ce qu'ils deviennent translucides. Déglacer avec le vin blanc sec et laisser réduire 2 minutes, puis dégraisser.

Réserver au frais en boîte hermétique.

Les cébettes

Couper la tige des oignons cébettes et retirer la première peau. Ciseler la partie verte en biseaux fins. Réserver au frais dans un bocal avec un papier absorbant humide au contact.

La finition

Mettre la friture en chauffe à 170 °C.

Blanchir les crozets 20 secondes à l'eau bouillante, puis les refroidir. Les égoutter sur un torchon, puis les réserver à température ambiante en boîte hermétique.

Placer la boîte de gelée de diots fumés au four à 50 °C.

Frire les deux sortes de crozets, puis les déposer sur du papier absorbant et les réserver à température ambiante.

Réchauffer une cuillère de crozets de chaque sorte avec du bouillon de diots nature.

Réchauffer l'oignon confit.

Réchauffer le jus réduit de diots.

Dans des assiettes de type « écuelle », disposer 1 cuillère à soupe de gelée de diots fumés, le jus réduit de diots, le confit d'oignon et quelques pickles d'oignons. Déposer par-dessus 1 cuillère à café de chaque sorte de crozets et superposer 3 biseaux de vert de cébette.

Préparer la fondue. Dans une casserole, verser le vin blanc et le porter à ébullition. Ajouter les fromages et bien remuer jusqu'à ce qu'ils soient fondus, sans dépasser 70 °C. Poivrer légèrement et verser dans de petites casseroles individuelles en cuivre.

Remplir de petits ramequins avec couvercle avec les crozets frits des deux couleurs.

Verser la fondue par-dessus et la parsemer de quelques crozets frits.

Vacherin Fribourgeois
CH 6189
ALPAGE
P

Vacherin Fribourgeois AOP

Cœur tendre du canton de Fribourg

← Les caves de la Tzintre, aménagées à Charmey en 2012 et 2013, peuvent accueillir jusqu'à 1 500 meules de Vacherin Fribourgeois AOP d'alpage.

Vacherin Fribourgeois AOP

Canton
Produit exclusivement dans le canton de Fribourg (Suisse romande).

Communes
Fabrication artisanale dans plus de 150 fromageries villageoises réparties dans les Préalpes fribourgeoises.

Altitude
Produit dans les zones de plaine et de moyenne montagne du canton de Fribourg, principalement entre 700 et 1 500 mètres d'altitude.

Lait
Lait cru ou thermisé, provenant de zones de non-ensilage.

Pâte
Mi-dure.

Meule
Meule 30-40 cm de diamètre, de 6-9 cm de hauteur, pesant de 6 à 10 kg.

Production
Affinage de 9 à 25 semaines.

Il y a des fromages qui fondent, qui s'étirent, qui rassurent. Et puis il y a le Vacherin Fribourgeois AOP. Un fromage de caractère qui ne se livre pas d'un bloc mais se raconte en couches, comme les strates d'un alpage fribourgeois : tendresse, finesse, puissance, mystère. Né il y a plus de 600 ans dans le secret des chalets, façonné à l'origine par les jeunes vachers quand le lait venait à manquer pour le Gruyère, le Vacherin Fribourgeois AOP est une pépite fromagère longtemps restée dans l'ombre. Un fromage de fin de traite, de fond de chaudron, d'orfèvrerie laitière.

Selon la légende, le premier vacher à s'illustrer s'appelait Vaccarinus et aurait donné son nom au fromage. Dans un coin de couvent, il façonnait ses meules pour sa propre consommation, en un geste simple, modeste, presque clandestin, transmis de main en main, de meule en meule. On y croit ou pas mais le fromage a fini, lui, par se faire une place au soleil du canton. On le sert aux ducs et duchesses de passage, il est une monnaie d'arbitrage dans un conflit fameux entre le prieur de Broc et celui de Lugny (le montant de la réparation évalué à douze meules). Les siècles passent et, en 2005, il obtient son AOP. Une reconnaissance officielle pour un fromage qui n'avait jamais demandé que le droit de rester fidèle à ses origines.

Car tout commence ici, dans le canton de Fribourg. À la croisée des cultures romande et alémanique, sur ces pentes herbeuses baignées d'humidité, dans ces fermes familiales où le lait est une affaire de savoir-faire autant que de soin. Un lait cru ou thermisé, jamais standardisé, issu de vaches bien traitées, nourries sans ensilage dans des prés que foulent chaque été les armaillis (nom des bergers des Alpes fribourgeoises et vaudoises). Le lait est travaillé sans délai, dans les 24 heures. Un point c'est tout.

La fabrication suit un protocole ancestral, ajusté à la modernité. On chauffe, on caille, on brasse, on moule, on presse, on sale. Puis vient le moment délicat de l'affinage. Le Vacherin Fribourgeois AOP ne sèche pas, il mûrit, entre 9 et 25 semaines dans des caves humides, selon la variété. Les meules sont brossées, lavées, choyées, la morge se forme, croûte vivante lui conférant sa typicité. Légèrement collante, odorante, presque animale, cette morge protège une pâte fondante, fine, expressive, toujours généreuse. Chaque meule est entourée d'une bande de gaze ou d'une sangle d'épicéa. Dans cette attention aux détails, il y a toute la rigueur helvétique et toute la poésie fribourgeoise. Car le Vacherin Fribourgeois AOP ne se résume pas à un seul goût, il se décline, il s'adapte, il s'exprime.

Il y a d'abord le Classic, affiné entre 9 et 12 semaines, doux, légèrement acidulé, fruité, parfait pour la fameuse fondue moitié-moitié qu'il forme avec son éternel complice, Le Gruyère AOP. Puis vient l'Extra, plus corsé, plus franc, plus long en bouche. Le Rustic, avec ses 20 à 25 semaines de patience, livre des notes plus profondes, presque boisées. L'Alpage, pur lait cru, né au-dessus des nuages, capture les arômes des pâturages d'altitude avec une intensité rare. Le Montagne, tout aussi authentique, joue la carte de l'élégance florale. Le Bio, lui, propose une fraîcheur acidulée, propre à son cahier des charges exigeant. Enfin, le Sanglé, retour aux traditions perdues, enveloppé de bois d'épicéa, réconcilie rusticité et onctuosité avec une légère pointe d'amertume bienvenue. Ce sont autant de visages d'un même fromage, autant de portes d'entrée dans un terroir.

Le Vacherin Fribourgeois AOP est un fromage de paysage, qui parle de brume matinale, de prairies ouvertes, de pentes rudes et vertes. Un fromage qui colle aux doigts, aux dents, au cœur. Un fromage de convivialité, de fondues partagées, de plateaux d'hiver, de recettes rassurantes. Mais aussi un fromage de gastronomie. François Robin, l'un des Meilleurs Ouvriers de France, le marie volontiers avec des graines de carvi toastées, pour souligner les arômes soutenus de sa croûte lavée.

«Le Vacherin Fribourgeois AOP est un fromage de paysage, qui parle de brume matinale, de prairies ouvertes, de pentes rudes et vertes. Un fromage qui colle aux doigts, aux dents, au cœur. »

← Dans son chalet Le Gros Marroz, Steve Andrey fabrique le Vacherin Fribourgeois AOP dans la plus pure tradition.

Derrière la meule, des hommes et des femmes, fromagers, affineurs, producteurs de lait, tous membres de l'interprofession, tous unis par un même cahier des charges, un même respect de l'origine. Il faut produire sur le sol fribourgeois, suivre les règles, aimer son métier. Et cela se sent. Chaque fromage porte un numéro d'agrément, une date de fabrication, chaque étape est tracée, vérifiée. La Suisse a ce souci de l'exactitude, mais jamais au détriment du sentiment.

À Fribourg, on dit que le Vacherin Fribourgeois AOP est un fromage de passage, entre les saisons, entre les langues, entre les textures. Mais c'est aussi un fromage de fidélité. Il n'a jamais quitté sa terre, n'a jamais cédé aux sirènes du rendement. Il n'est produit que par quelques dizaines de fromageries, souvent familiales. On y trouve des gestes anciens, des accents chantants, des regards fiers, et une vraie volonté de transmettre.

Comme tous les produits de terroir, le Vacherin Fribourgeois AOP n'est pas à l'abri des vents contraires. Des fermes disparaissent, la pression économique augmente, la relève peine parfois à s'installer. Mais la filière tient bon. Elle mise sur la qualité, sur la diversité, sur la pédagogie, elle valorise ses recettes, ses fondues, ses raclettes, ses plats d'hiver où le fromage devient liant. Elle s'ouvre aussi à d'autres usages : gratins, quiches, tartes, croque-monsieur au guacamole ou raclette de patates douces à l'effiloché de porc.

Le Vacherin Fribourgeois AOP est un fromage qui voyage sans se perdre. Il conquiert les tables, les marchés, les cœurs. Et il garde cette chose rare : un goût qui ne ment pas. Il est peut-être né par hasard, au détour d'un alpage. Mais s'il est toujours là, six siècles plus tard, c'est parce qu'il n'a jamais cessé d'être choisi.

Les conseils de François Robin

Historiquement entouré d'une bande d'épicéa remplacée de nos jours par une gaze, le Vacherin Fribourgeois AOP est un fromage connu pour sa pâte ultra-onctueuse et son caractère subtilement crémeux dans sa version **Classic**. Ingrédient indispensable de la fondue moitié-moitié, il sera plus long en bouche en variété **Extra** et marqué sur des notes herbacées et florales en variété **Rustic**, reconnaissable par sa croûte fortement plissée suite aux soins d'affinage répétés.

→ Dans le canton de Fribourg, la désalpe est aussi l'occasion de parer les vaches de leurs plus beaux atours.

Vacherin Fribourgeois

← À Corbières, c'est en famille que Sonja et Fabien Kolly (et leurs trois filles) produisent du Vacherin Fribourgeois AOP d'alpage.

↑ Le chalet Grosser Tossen, à 1314 m d'altitude, au-dessus du village d'Im Fang, où Martin et Ruth Rauber font du Vacherin Fribourgeois AOP.

→ Pour le Vacherin Fribourgeois AOP, la ration alimentaire des vaches se compose d'au moins 70 % d'herbage et de foin produits sur l'exploitation agricole.

Croque-Vacherin Fribourgeois AOP Extra aux champignons de Paris, béchamel aux cèpes

Une recette de Denis Fétisson,
***La Place de Mougins* à Mougins**

Pour 4 personnes

200 g de risetti (pâtes en forme de riz)
1 échalote
50 g de beurre
100 ml de vin blanc sec
10 g de thym séché
1 l de bouillon de volaille
100 g de Vacherin Fribourgeois AOP Extra râpé
100 g de Vacherin Fribourgeois AOP Extra
Sel, poivre, noix de muscade
100 g de petits champignons de Paris
2 œufs
150 g de farine
200 g de chapelure panko

Béchamel aux cèpes
100 g de cèpes séchés
35 cl d'eau
35 g de farine
35 g de beurre
10 cl d'eau de cèpe
5 cl d'huile d'olive

Faire suer l'échalote ciselée avec le beurre sans coloration. Saler puis ajouter les risetti. Faire suer de nouveau pendant 1 minute. Ajouter le vin blanc et le thym. Faire réduire de moitié et mouiller à hauteur avec le bouillon de volaille

Une fois les risetti cuits, retirer du feu et ajouter le Vacherin râpé. Rectifier l'assaisonnement et poivrer. Réserver.

La béchamel aux cèpes

Faire tremper les cèpes séchés dans de l'eau tiède. Une fois réhydratés, les égoutter tout en veillant à garder l'eau et à la passer au filtre à café.

Hacher les cèpes égouttés et les faire suer à l'huile d'olive pendant 2 minutes. Saler, poivrer et réserver.

Dans une casserole, faire fondre le beurre sans coloration, ajouter la farine et cuire en remuant pendant 2 minutes. Ajouter l'eau des cèpes encore chaude sur le roux et faire cuire pendant 3 minutes. Ajouter les cèpes et assaisonner.

La finition

Mélanger les risetti et la béchamel. Mettre à refroidir sur une plaque. Filmer au contact.

Une fois refroidis, former dans la main une boule de risetti aux cèpes puis disposer au centre un cube de Vacherin Fribourgeois AOP Extra. Refermer la boule et mettre au congélateur.

Une fois les croque-Vacherin bien durs, les paner à l'anglaise en les passant dans la farine, les œufs battus et la panure. Faire frire les croque-Vacherin dans une huile de friture à 180 °C pendant 2 minutes. Saler au sel fin.

Dressage

Disposer une rosace de champignons de Paris en carpaccio puis déposer le croque-Vacherin au centre.

Vacherin Fribourgeois AOP en raviole, bouillon cristallin de pain toasté, huile rance

Une recette de Maxime Meilleur,
La Bouitte à Saint-Martin-de-Belleville**

Pour 6 personnes

Vacherin Fribourgeois AOP (environ 100 g par personne pour une entrée et 130 g par personne pour un plat principal)

Pâte à ravioles

500 g de farine T55

300 g de jaunes d'œufs

12 ml d'huile d'olive

2 g de sel fin

Court-bouillon de jambon et huile rance

Quantité suffisante (selon votre goût) de parures de jambon cru

2 oignons

2 échalotes

4 gousses d'ail

Quantité suffisante d'huile de pépins de raisin

Quantité suffisante de vermouth

Bouillon de pain toasté

Pain de seigle

50 cl de fond blanc de volaille

Pickles d'oignons

Quantité suffisante d'oignons grelots blancs

Quantité suffisante de vinaigre blanc

Couper la croûte du fromage et la réserver pour confectionner des tuiles. À l'aide d'un emporte-pièce de 30 mm de diamètre et de hauteur, détailler dans l'épaisseur des pastilles de Vacherin Fribourgeois AOP, puis retailler chaque pastille en 3. Réserver au frais sur une plaque gastronorme recouverte de papier sulfurisé.

La pâte à ravioles

Dans un batteur avec crochet, mélanger la farine, le sel et l'huile d'olive, puis ajouter les jaunes d'œufs l'un après l'autre. Extraire la pâte du batteur et la fraiser.

Les ravioles

Au laminoir, étaler la pâte en bandes de 2,5 mm d'épaisseur. Déposer une première bande sur le plan de travail et aligner dessus des pastilles de Vacherin Fribourgeois AOP en les espaçant. Badigeonner les bords avec un pinceau mouillé à l'eau, puis recouvrir d'une seconde bande de pâte. À l'aide d'un emporte-pièce de 30 mm de diamètre, côté non tranchant, préformer les ravioles en collant la pâte au plus près de la pastille de fromage. Détailler ensuite les ravioles avec un emporte-pièce de 35 mm de diamètre.

Réserver entre deux papiers sulfurisés dans une boîte hermétique au réfrigérateur.

Le court-bouillon de jambon et huile rance

Éplucher les oignons, les échalotes et les gousses d'ail dégermées.

Dans une grosse cocotte, colorer les parures de jambon cru dans l'huile de pépins de raisin, puis retirer l'excédent de gras pour évacuer le sel.

Ajouter oignons, échalotes et ail, les colorer, puis déglacer au vermouth. Le laisser s'évaporer, puis mouiller à hauteur avec de l'eau, et cuire à feu doux pour réduire à 1/3.

L'huile rance

Laisser macérer le bouillon au frais pendant 12 heures. Récupérer la couche de gras, le faire fondre et réserver l'huile rance en pipette. Passer le bouillon au chinois et réserver au frais.

Le bouillon de pain toasté

Tailler le pain en morceaux et les toaster. Porter à ébullition 50 cl de fond blanc et 25 cl de bouillon de jambon, puis ajouter le pain de seigle toasté et laisser infuser 10 minutes à feu doux. Retirer du feu et laisser refroidir, puis passer au torchon pour retirer le plus de pain possible. Laisser décanter pour ne récupérer que la partie claire. Réserver au frais en boîte hermétique.

Les pickles d'oignons

Détacher les oignons en pétales. Les placer dans un bocal. Porter le vinaigre à ébullition, puis recouvrir les oignons de vinaigre bouillant. Refermer le bocal et réserver au frais.

Finition

Réchauffer les ravioles à température ambiante.

Réchauffer ensemble 2/3 de bouillon de pain et 1/3 de bouillon de jambon.

Cuire les ravioles 3 minutes (4 minutes si elles ont été congelées) à feu doux dans une chauffante salée. Les égoutter et les réserver sur une plaque.

Dans des assiettes creuses chaudes, disposer 3 ravioles, 3 pétales de pickles d'oignon badigeonnés d'huile de jambon cru et 1 pastille de Vacherin Fribourgeois AOP cru. Ajouter l'équivalent d'une cuillère à thé d'huile rance, puis verser le bouillon de pain toasté bouillant à hauteur.

Vacherin Mont-d'Or AOP

L'essence crémeuse des forêts vaudoises

← Bien sanglé dans ses lanières d'épicéa, le Vacherin Mont-d'Or AOP n'attend plus que l'amateur de sensations fortes avec sa cuillère conquérante.

Vacherin Mont-d'Or AOP

Canton
Produit exclusivement dans le canton de Vaud, dans le Jura vaudois, principalement dans la Vallée de Joux.

Communes
Fabrication artisanale dans une dizaine de fromageries réparties dans la région du Mont-d'Or et du Jura vaudois.

Altitude
Entre 700 et 1 500 mètres, en moyenne montagne.

Lait
Lait de vaches nourries des herbes et fleurs du Jura vaudois.

Pâte
Fromage à pâte molle à croûte morgée.

Meule
On ne parle pas de « meule » pour le Vacherin Mont-d'Or AOP. Fromage de 0,4 à 3 kg. Diamètre : 15 à 32 cm.

Production
Produit à base de lait thermisé, uniquement entre le 15 août et le 31 mars. Une fois le caillé moulé et pressé, le fromage est cerclé avec une sangle d'épicéa avant d'être plongé dans un bain de saumure. Les vacherins « blancs » sont ensuite entreposés sur des planchettes en épicéa, où ils sont régulièrement retournés et lavés pendant au moins 17 jours d'affinage. Au cours de l'affinage, le fromage est inséré dans sa boîte d'épicéa, légèrement trop petite afin d'obtenir les ondulations caractéristiques du Vacherin Mont-d'Or AOP.

Il faut du bois, beaucoup de bois. Il est là, empilé dans la cour, rangé au cordeau sous l'auvent, veillé comme un trésor. C'est le carburant du chaudron, il crépite, il chauffe, il fume un peu, il parfume beaucoup. Dans le chaudron, du lait, bien sûr, frais, chaud, encore mousseux parfois. Il arrive deux fois par jour, tiré de vaches vaudoises, fribourgeoises, jurassiennes, montées en alpage l'été, redescendues dans la vallée quand les herbes se fanent. Ce lait, c'est le fil tendu d'une histoire centenaire, celle du Vacherin Mont-d'Or AOP.

On le fabrique entre le 15 août et le 31 mars. Le reste de l'année, c'est la montagne qui reprend ses droits. Le bois sèche, les meules patientent, les producteurs aussi. Le Vacherin Mont-d'Or AOP est un fromage d'hiver, de feu, de réconfort. On le connaît pour sa boîte en épicéa, son ruban d'écorce, sa pâte coulante, sa saveur forestière. Mais avant d'atteindre la cuillère, il y a tout un monde, qui commence dans le Jura vaudois, à la Vallée de Joux, aux Charbonnières, à L'Auberson, à Baulmes, à Ballaigues, dans les caves fraîches et les chalets bas où l'on travaille encore à la main, avec des gestes hérités du passé. Ce qui frappe, c'est la lenteur des gestes, le calme des visages, le sérieux des regards. Pas de folklore, le souci du bon, de l'équilibre. Dans ces caves où l'on parle peu, le Vacherin Mont-d'Or AOP raconte tout ce qu'il faut savoir : qu'il fait froid l'hiver, que l'on vit ici entre les forêts, que l'on sait attendre, que l'on ne fabrique pas un fromage pour en faire des tonnes, mais pour qu'il existe, qu'il traverse, qu'il reste.

« Dans ces caves où l'on parle peu, le Vacherin Mont-d'Or AOP raconte tout ce qu'il faut savoir : qu'il fait froid l'hiver, que l'on vit ici entre les forêts, que l'on sait attendre, que l'on ne fabrique pas un fromage pour en faire des tonnes, mais pour qu'il existe, qu'il traverse, qu'il reste. »

VACHERIN MONT-D'OR
APPELLATION D'ORIGINE PROTÉGÉE
AU CHALET
Depuis 1878
VACHERIN

Revenons à nos chaudrons. Le lait est chauffé doucement, autour de 33 °C, puis emprésuré. Le caillé, fragile, est à peine tranché, pas question de le briser, il faut le cajoler, le mouler avec précaution, puis le laisser s'affaisser dans ses cercles d'inox. Le lendemain, on le cercle à l'épicéa. Puis vient l'affinage : au minimum 21 jours, souvent plus. On retourne, on frotte, on veille. Le fromage, comme le feu, demande de la présence. On ne fabrique pas du Vacherin Mont-d'Or AOP à la chaîne, on l'accompagne, on l'écoute, on le surveille du coin de l'œil. Il doit être coulant mais tenu, boisé mais fin, salé mais doux. Les meules ne sont jamais vraiment rondes, toujours un peu rebondies, contenues, bordées de leur sangle de bois. Celle-ci n'est pas un accessoire, c'est une peau, un manteau, une respiration. L'épicéa infuse, retient, protège, il donne au fromage cette touche de résine, ce parfum de cabane, d'étable et de sapin.

À table, il se mange à la cuillère, sur une planche, ou fondu dans sa boîte au four, un verre de chasselas pas loin. C'est le genre de fromage qui crée du silence autour de lui. On le regarde s'effondrer doucement sous sa croûte légèrement fripée, dorée, soyeuse. On y trempe un morceau de pain, une pomme de terre, une cuillère entière, et on se tait.

À ce stade, il faut mettre le point sur le « i » de vacherin. Ce fromage-là est suisse. Le Vacherin Mont-d'Or AOP, produit dans le canton de Vaud, n'est pas le Mont-d'Or AOP (Vacherin du Haut-Doubs), son cousin français. Même apparence, même saison, mêmes forêts… mais pas la même main. Le fromage français, produit de l'autre côté de la frontière, suit un autre cahier des charges. Le lait est cru, l'affinage diffère, la pâte est parfois plus dense. Les sangles ne viennent pas toujours du même bois, et les goûts ne se confondent pas. Ce sont deux appellations distinctes, deux terroirs, deux traditions. Les confondre, c'est ignorer ce qui fait la beauté de chacun : leur singularité.

« C'est le genre de fromage qui crée du silence autour de lui. On le regarde s'effondrer doucement sous sa croûte légèrement fripée, dorée, soyeuse. On y trempe un morceau de pain, une pomme de terre, une cuillère entière, et on se tait. »

← Avec l'épicéa des bois du Jura, notamment de la forêt du Risoud, on fabrique les boîtes de Vacherin Mont-d'Or AOP au cœur de la Vallée de Joux.

Le Vacherin Mont-d'Or AOP n'est, lui, pas un fromage de masse. Sa production est limitée à une poignée d'artisans – treize fabricants-affineurs et trois affineurs indépendants – qui perpétuent un savoir-faire rigoureux. En 2024-2025, la production de Vacherin Mont d'Or AOP est de 517 tonnes, soit 1,7 % de moins que la saison précédente. Avec une augmentation des exportations des fromages suisses en 2024, les quantités exportées de Vacherin Mont d'Or AOP sont restées stables, soit 85 tonnes. Le marché français a connu une légère augmentation des volumes qui a permis de compenser une diminution sur le marché de l'Amérique du Nord. La qualité des fromages est remarquable, avec une moyenne de 19,55 sur 22 points possibles lors des taxations.

Le Vacherin Mont-d'Or suisse a obtenu son AOP en 2003. Il a dignement fêté ses vingt ans lors d'une fête organisée aux Charbonnières qui a rassemblé plus de 8 000 personnes, troupeaux en retour d'estivage, cors des Alpes, conseillers fédéraux et fromages à la louche. La réussite est là mais la promotion ne faiblit pas pour autant : campagnes d'affichage, présence dans les écoles hôtelières, dégustations, food truck à la Vaudoise Arena, et coffrets mêlant fromage et vins. Les réseaux sociaux relayent, les chefs s'en emparent, les caves vendent.

Le Vacherin Mont-d'Or AOP est un fromage pour celles et ceux qui aiment prendre leur temps, qui aiment le bois, la croûte, la pâte qui tremble, le pain grillé, la chandelle, le vin blanc frais. Il est là pour la fondue de fin de balade, pour le repas sans manières, pour la conversation qui s'étire, pour la table en bois sous les poutres. Il est là pour rappeler que l'hiver peut être une fête. Il revient chaque année, fidèle à sa saison, à ses gestes, à ses montagnes. Il a la saveur du « reviens-y ».

Les conseils de François Robin

Le Vacherin Mont-d'Or AOP est un bonheur de crème, un plaisir tout en rondeur mais aussi en parfums si on se donne la peine de le déguster à température ambiante et de gratter la zone en contact avec la sangle d'épicéa qui l'entoure, là où des arômes suaves et finement boisés font entrer ce fromage dans une autre dimension. Et c'est là le vrai secret du capiteux Vacherin Mont-d'Or AOP, qu'on peut bien sûr déguster après un passage au four, versé en généreuses cuillères sur des légumes vapeur, mais que les gastronomes apprécient nature et seul.

→ Les cloches des vaches surveillent les précieuses bûches qui permettront d'allumer le feu, il suffira d'une étincelle, d'un rien, d'un geste.

DU COMPTOIR
MARIAGE 25

Chou au Vacherin Mont-d'Or AOP et truffe noire

Une recette de Grégoire Gillard,
***Barge** à Bruxelles**

Pour 6 personnes

Chou
220 ml d'eau
100 ml de lait
5 g de sel
110 g de beurre
15 g de sucre
190 g de farine tamisée
250 g d'œufs mixés

Craquelin
125 g de beurre pommade
125 g de cassonade blonde
125 g de farine tamisée

Crème de vacherin à la truffe
250 g de Vacherin Mont-d'Or AOP
125 ml de lait
125 g de crème
2,5 g de sel
2,5 g de iota (gélifiant)
25 g de truffe noire melanosporum

Le chou

Porter le mélange eau, lait, sel, sucre et beurre à ébullition. Hors du feu, ajouter la farine en une fois. Sécher sur le feu pendant quelques minutes. Retirer du feu, mettre dans la cuve d'un batteur et laisser tourner 1 minute avec la feuille. Mixer les œufs, les incorporer petit à petit dans la cuve du batteur. Débarrasser l'appareil dans une poche à douille. Pocher sur une plaque recouverte d'un tapis de cuisson. Disposer le craquelin par-dessus. Cuire 20 minutes à 170 °C et ensuite 15 minutes à 150 °C sans ventilation. Terminer ensuite la cuisson 15 min à 150 °C sans ventilation (ou au minimum). Laisser refroidir à température ambiante.

Le craquelin

Crémer le beurre à la feuille. Ajouter la farine et la cassonade. Abaisser et stocker au réfrigérateur. Emporte-piécer à 3,5 cm.

La crème de Vacherin Mont-d'Or AOP à la truffe

Mettre tous les ingrédients dans la cuve d'un Thermomix, sauf la truffe. Chauffer à 80 °C en mixant sur la vitesse 5. Une fois la température atteinte, ajouter la truffe et mixer quelques instants à vitesse maximum. Débarrasser et filmer au contact

Conditionner au réfrigérateur.

Le montage

Inciser les choux aux 2/3 de la hauteur. Disposer la crème de Vacherin Mont-d'Or AOP à la truffe dans une poche à douille. Dresser la crème sur la base du chou en effectuant un cercle. Terminer en fermant avec le couvercle du chou.

Fricassée d'escargots de Bourgogne aux poireaux, sauce Vacherin Mont-d'Or AOP, galette poire

Une recette de Frédéric Doucet,
Maison Doucet** * **à Charolles

Pour 8 personnes

16 escargots
1 poireau
20 cl de crème fleurette
130 g de Vacherin Mont-d'Or AOP
1 poire
150 g de feuilletage
40 g de beurre
1 échalote
Sel, poivre

Étaler, détailler et cuire le feuilletage.

Laver, tailler en petits dés et faire étuver le poireau. Faire rissoler les escargots au beurre avec l'échalote ciselée.

Porter la crème à ébullition et incorporer 80 g de Vacherin Mont-d'Or AOP pour réaliser la sauce.

Éplucher et couper la poire.

Monter les galettes en superposant le feuilleté, 50 g de Vacherin Mont-d'Or AOP et la poire.

Dresser dans une assiette creuse en déposant dans le fond un lit de poireau, les escargots, la galette de Vacherin Mont-d'Or AOP et un cordon de sauce.

Œuf bio parfait à la florentine, espuma de Vacherin Mont-d'Or AOP

Une recette de Julien Roucheteau,
***Le Restaurant des Rois** à Beaulieu-sur-Mer**

Pour 4 personnes

4 œufs bio
300 g de tétragone
2 gousses d'ail
30 g de beurre
20 fleurs d'ail
2 g de poudre de piment doux

Les dentelles

2 tranches de pain de mie
2 cl d'huile d'olive
½ botte de thym
1 gousse d'ail

La sauce

10 cl de crème liquide
25 cl de lait entier
15 g de beurre
15 g de farine
150 g de Vacherin Mont-d'Or AOP
3 g de noix de muscade
3 g de poivre noir Voatsiperifery

L'huile verte

10 cl d'huile de pépins de raisin
½ botte de persil frisé

Cuire l'œuf à 62 °C au thermoplongeur pendant 52 minutes. Faire refroidir en sachant qu'il sera réchauffé dans une eau à 50 °C.

Faire suer la tétragone dans un beurre noisette avec 1 gousse d'ail.

Confection des dentelles

Tailler le pain de mie en petits croûtons. Les assaisonner et les cuire au four à 140 °C pendant 20 à 30 minutes en veillant à remuer à mi-cuisson.

La sauce

Faire un roux blond, ajouter le lait, cuire à ébullition. Incorporer des petits morceaux de Vacherin Mont-d'Or AOP. Mixer le tout, assaisonner, passer au chinois étamine, rectifier et mixer en ajoutant de la crème.

Mettre l'appareil en siphon, percuter de deux cartouches, bien secouer, laisser au chaud.

L'huile verte

Faire chauffer l'huile. Hacher le persil, le déposer dans un mixeur, saler et incorporer l'huile chaude tout en mixant et en faisant attention aux éventuelles projections.

Filtrer l'huile à l'aide d'une gaze et laisser refroidir.

Dressage :

Au fond de l'assiette, disposer la tétragone, l'œuf et les croûtons. Déposer le siphon par-dessus, perler d'huile verte, de poudre de piment et de fleurs d'ail.

Le Vacherin Mont-d'Or AOP, thé noir aux herbes, chanterelles au vinaigre et pommes de terre

Une recette de Stéphane Décotterd, *Maison Décotterd à Glion-sur-Montreux**

Pour 4 personnes

1 Vacherin Mont-d'Or AOP
1 bocal de champignons au vinaigre, de préférence des chanterelles
4 pousses d'épinards
8 feuilles de persil plat
8 feuilles de livèche

Poudre de thé noir aux herbes
5 g de verveine séchée
5 g d'aspérule odorante séchée
2 g de thé noir (darjeeling ou Earl Grey)

Thé noir aux herbes
2,5 g de verveine
2,5 g d'aspérule odorante séchée
1 g de thé noir (darjeeling ou Earl Grey)
1 l d'eau

Vinaigrette au thé et graines de moutarde
1 c. à café de graines de moutarde blanches
10 cl de vin blanc sec (chasselas)
20 cl de thé noir aux herbes
1/2 c. à café de Maïzena
5 cl de vinaigre de Xérès
Sel
Huile de noix

Poudre de thé noir aux herbes

Mixer le tout et conserver cette poudre dans une boîte hermétique, elle servira d'assaisonnement.

Thé noir aux herbes

Porter l'eau à ébullition, retirer du feu et attendre 3 minutes. Ajouter le thé et les herbes, laisser infuser pendant 5 minutes, filtrer et réserver.

Vinaigrette au thé et graines de moutarde

Blanchir 2 fois 2 minutes les graines de moutarde, puis les mettre dans une casserole avec le vin blanc. Couvrir et faire cuire à feu doux pendant 15 minutes.

Porter le thé à ébullition, puis le lier avec un peu de Maïzena diluée dans de l'eau froide. La texture doit être onctueuse, mais pas trop épaisse. Ajouter le vinaigre, saler, puis mélanger au fouet tout en incorporant un filet d'huile de noix.

Terminer avec une pincée de poudre de thé aux herbes, rectifier l'assaisonnement et ajouter les graines de moutarde.

Billes de pommes de terre confites

Laver et éplucher les pommes de terre, puis les détailler en petites billes à l'aide d'une cuillère parisienne.

Mettre ces billes dans une casserole avec le thé et le beurre, saler légèrement et faire étuver à couvert. Les pommes de terre doivent être fondantes et bien enrobées par le mélange thé-beurre.

Croûtons de biscuit au thé

2 œufs
25 g de beurre fondu
7,5 cl de thé noir aux herbes
50 g de farine
1 pincée de poudre de thé noir aux herbes
2 g de poudre à lever
2 g de sel
petits gobelets en carton

Billes de pommes de terre confites

2 pommes de terre à chair ferme (variété Bintje)
20 g de beurre
Sel
10 cl de thé noir aux herbes

Croûtons de biscuit au thé

Mixer tous les ingrédients afin d'avoir un appareil parfaitement lisse. Verser dans un siphon et ajouter une cartouche de gaz.

Remplir les gobelets aux ¾ de la hauteur avec cette masse, recouvrir de film alimentaire, puis perforer le film avec la pointe d'un couteau.

Cuire pendant 2 à 3 minutes au micro-ondes à pleine puissance (900 W).

Démouler et déchirer délicatement le biscuit à la main afin d'obtenir de petits morceaux de mie. Déposer sur une plaque et faire sécher dans un four préchauffé à 80 °C. Réserver à l'abri de l'humidité.

Finitions et dressage

Emballer la boîte du Vacherin Mont-d'Or AOP dans une feuille d'aluminium. Enfourner pour 25 minutes dans un four ventilé préchauffé à 160 °C. Le Vacherin Mont-d'Or AOP doit être chaud, coulant et gratiné.

Ciseler les feuilles d'épinards, de livèche et de persil.

Chauffer les billes de pommes de terre, puis les répartir au fond des assiettes chaudes. Saucer avec la vinaigrette aux graines de moutarde et parsemer d'herbes ciselées. Garnir de petites chanterelles au vinaigre et de croûtons de biscuits au thé.

Servir et napper les pommes de terre de vacherin chaud devant les convives. À l'aide d'une boule à thé, saupoudrer l'assiette de poudre de thé noir aux herbes.

Note :

Pour le croûton de biscuit au thé, nous obtenons un biscuit sans croûte et très aérien à l'aide du siphon et du micro-ondes. Sa texture d'éponge lui vaut le surnom anglais de « sponge cake » et offre de nombreuses possibilités d'utilisation.

Le Vacherin Mont-d'Or AOP, thé noir aux herbes, chanterelles au vinaigre et pommes de terre

Index des recettes

Les Fromages de Suisse expriment leur plus vive reconnaissance :

- Aux interprofessions fromagères suisses, à leurs producteurs, fromagers et affineurs passionnés qui perpétuent un savoir-faire fromager séculaire et authentique.
- Appenzeller®, Emmentaler AOP, Le Gruyère AOP, L'Étivaz AOP, Raclette du Valais AOP, Sbrinz AOP, Tête de Moine AOP, Tomme Vaudoise, Vacherin Fribourgeois AOP, Vacherin Mont-d'Or AOP.
- À M. François Robin, un des Meilleurs Ouvriers de France Fromager, pour son expertise et son enthousiasme à faire découvrir l'univers des fromages suisses.
- Aux chefs cuisiniers, artisans et partenaires qui, par leur talent et leur créativité, subliment ces fromages d'exception.
- À Switzerland Cheese Marketing et à ses équipes en France, en Belgique et en Suisse, pour leur engagement et leur soutien constant à la promotion des Fromages de Suisse.

L'auteur

Après avoir longtemps chroniqué à *L'Équipe* les stars de la balle jaune ou de la main au panier, **Stéphane Méjanès**, journaliste depuis 33 ans, est tombé dans la casserole à la suite d'une rencontre improbable avec de grands chefs dans une forêt laponne. Depuis 2012, il raconte la gastronomie, de la terre à la table, pour des titres aussi divers que *Omnivore*, *Trois Couleurs*, *Culinaire Saisonnier*, *Alimentation Générale*, *Fou de Pâtisserie* ou *L'Obs*. Il a reçu le Prix Amunategui-Curnonsky du meilleur journaliste gastronomique en 2018 et la Plume d'Or 2019 – Prix du journaliste français – catégorie gastronomie.

Crédits photographiques

Portraits des chefs

Christophe Carlier p. 14 : © Jonathan Thevenet. Stéphane Décotterd p. 14 : © India Belce-Kennedy. Frédéric Doucet p. 15 : © Jonathan Thevenet. Vivien Durand p. 15 : © Laurent Grandadam. Denis Fétisson p. 15 : © Jean-Michel Sordello. Viki Geunes p. 15 : © Ian Segal. Grégoire Gillard p. 16 : © Paulina Jakobiec. Franck Giovannini p. 16 : © Fred Merz. Maxime Meilleur p. 16 : © Matthieu Cellard. Lionel Rigolet p. 16 : © Paulina Jakobiec. Marie Robert p. 17 : © Melody Sauvain. Julien Roucheteau p. 17 : © Bernard Giani. Louis-Philippe Vigilant p. 17 : © Jonathan Thevenet.

India Belce-Kennedy : p. 218-219.
Matthieu Cellard : p. 182-183, 201.
Tom Corremans : p. 104.
Alban Couturier : p. 112.
Etienne Francey : p. 26-27, 28-29, 221.
Bernard Giani : p. 60, 198, 214.
Paulina Jokobiec : p. 78, 109, 110, 210.
Aurelio Rodriguez : p. 4, 6, 10, 11, 13, 18-19, 20, 25, 30, 36, 38, 39, 40, 41, 46, 50, 53, 54, 55, 64, 68, 71, 72, 73, 75, 76-77, 91, 114, 128, 129, 154-155, 158, 159, 160, 161, 170, 174, 177, 178, 179, 202, 206, 209.
Tom Swalens : p. 106, 107, 156.
Jonathan Thevenet : p. 37, 44, 52, 62, 70, 80, 93, 122, 130, 138, 146, 166, 168, 176, 190, 208, 212.
Charlotte Walker : p. 132.
Hémis / Alamy : p. 120, 124-125 (© Jperg Boethling), p. 123 (© Serge Mouraret), p. 136, 140-141, 142, 143, 144-145, 191 (© Prisma by Dukas Presseagentur GmbH / Hémis-Alamy), p. 194-195 (© Marcel Gross).
Restaurant de l'hôtel Crissier : p. 82.
Restaurant Le Prince Noir : p. 42.
E.T. Studhalter, Fotografie BR, studhalter.org : p. 139.
Appenzeller Käse : p. 35.
Emmentaler Switzerland : p. 22, 56-57.
Interprofession Le Gruyère AOP : p. 86, 95, 96, 97.
Interprofession Sbrinz AOP : p. 142.
Interprofession Tête de Moine AOP : p. 148, 152, 157, 162, 163.
Interprofession, Vacherin Fribourgeois AOP : p. 184, 188.
Switzerland Cheese Marketing : p. 40, 58-59, 74, 92, 94, 98, 99, 102-103, 164-165, 192-193, 196, 197.
Valais Wallis Promotion - Pascal Gertschen : p. 126-127.

Achevé d'imprimer en France en octobre 2025 par Imprimerie Chirat, Saint-Just-la-Pendue,
Sur papier provenant de forêts gérées de manière durable.